BEM-
ESTAR
DIGITAL

BEM-ESTAR DIGITAL
OS 12 PRINCÍPIOS PARA VIVER MELHOR NO MUNDO HIPERCONECTADO

DVS Editora Ltda. 2024 – Todos os direitos para a língua portuguesa reservados pela Editora.

Nenhuma parte deste livro poderá ser reproduzida, armazenada em sistema de recuperação, ou transmitida por qualquer meio, seja na forma eletrônica, mecânica, fotocopiada, gravada ou qualquer outra, sem a autorização por escrito dos autores e da Editora.

Design de capa: Márcio Schalinski | LC Design & Editorial
Projeto gráfico: Bruno Ortega
Diagramação: Márcio Schalinski | LC Design & Editorial
Revisão: Hellen Suzuki

Dados Internacionais de Catalogação na Publicação (CIP)
(Câmara Brasileira do Livro, SP, Brasil)

Terra, Rafael
    Bem-estar digital : os 12 princípios para viver melhor no mundo hiperconectado / Rafael Terra. -- São Paulo : DVS Editora, 2024.

    ISBN 978-65-5695-127-0

    1. Autoconhecimento 2. Bem-estar - Aspectos sociais 3. Cultura digital 4. Equilíbrio (Psicologia) 5. Mudança de comportamento 6. Saúde mental 7. Tecnologia I. Título.

24-211743   CDD-361

Índices para catálogo sistemático:

1. Bem-estar social   361

Aline Graziele Benitez - Bibliotecária - CRB-1/3129

Nota: Muito cuidado e técnica foram empregados na edição deste livro. No entanto, não estamos livres de pequenos erros de digitação, problemas na impressão ou de uma dúvida conceitual. Para qualquer uma dessas hipóteses solicitamos a comunicação ao nosso serviço de atendimento através do e-mail: atendimento@dvseditora.com.br. Só assim poderemos ajudar a esclarecer suas dúvidas.

RAFAEL TERRA

BEM-ESTAR DIGITAL

OS 12 PRINCÍPIOS PARA VIVER MELHOR NO MUNDO HIPERCONECTADO

DVS EDITORA

www.dvseditora.com.br
São Paulo, 2024

@terradorafael

Sumário

Um convite para redefinir a sua relação com a tecnologia 7

Afinal, o que é bem-estar digital? 11

Princípio 1: autoconsciência digital 17

Princípio 2: autenticidade digital 23

Princípio 3: gratificação adiada e o foco necessário 29

Princípio 4: conteúdo consciente 37

Princípio 5: resiliência digital 47

Princípio 6: empatia digital 55

Princípio 7: desconexão planejada 61

Princípio 8: relações digitais saudáveis e conexões reais 69

Princípio 9: essencialismo digital e mindfulness tecnológico 77

Princípio 10: empoderamento digital 83

Princípio 11: equilíbrio trabalho-vida digital 91

Princípio 12: privacidade e segurança online 99

20 dicas práticas e tecnológicas para promover
um maior bem-estar digital 105

Epílogo: uma jornada humana no bem-estar digital 109

COMPARTILHE EM SEUS STORIES

A VERDADEIRA OSTENTAÇÃO ATUAL DEVE SER OSTENTAR SAÚDE MENTAL!

@TERRADORAFAEL

@terradorafael

Um convite para redefinir a sua relação com a tecnologia

Olá, sou Rafael Terra, um entusiasta do marketing digital que passou anos navegando pelas ondas tumultuadas do mundo online. Minha jornada nesse universo sempre foi repleta de altos e baixos, como a de muitos de vocês. Há um contraste interessante em minha vida: embora tenha construído uma carreira de reconhecido sucesso ajudando milhares de empresas e pessoas a prosperar no digital, por dentro, muitas vezes, me sentia como um navegador perdido em um mar de ansiedade e comparações intermináveis.

Acreditem ou não, meu refúgio favorito sempre foi a 10.000 metros de altitude, em voos internacionais sem acesso à internet. Era lá, cercado por nuvens e desligado do mundo digital, que eu encontrava paz. Sentado em minha poltrona, apreciava cada mordida da refeição servida, como se cada garfada fosse uma pequena vitória contra a ansiedade que a conectividade constante alimentava em mim.

Esta introdução não é apenas sobre minha trajetória pessoal; é sobre uma realidade que muitos de nós enfrentamos. Vivemos em um mundo onde estar online é quase uma exigência, mas, ao mesmo tempo, essa hiperconexão cobra seu preço — noites mal dormidas, a constante necessidade de checar o celular e a sensação de nunca ser suficiente, como se estivéssemos em uma corrida eterna contra avatares perfeitos e vidas idealizadas nas redes sociais.

Então, algo mudou. Percebi que não poderia permitir que o digital controlasse minha vida dessa maneira. Afinal, eu era um profissional do digital! Se havia alguém que deveria saber como navegar nesse mundo com saúde e equilíbrio, esse alguém era eu. Assim, embarquei em uma jornada de autoconhecimento e transformação. Comecei a aplicar os 12 princípios, que dividirei com você, de maneira que promovessem não apenas o meu crescimento, mas também o bem-estar pessoal.

Neste livro, compartilho essa jornada. Não é apenas uma coleção de dicas e estratégias; é um convite para redefinir nossa relação com a tecnologia. Vamos explorar como podemos usar o digital a nosso favor, criando um ambiente online que promova saúde, felicidade e, acima de tudo, paz interior.

Prepare-se para histórias, insights e revelações que irão desafiá-lo a olhar para o seu smartphone de maneira totalmente nova. Seja bem-vindo à revolução do bem-estar digital, em que aprender a desconectar é tão importante quanto estar conectado.

Juntos, vamos descobrir como transformar o digital em uma ferramenta para o bem-estar, não uma fonte de ansiedade. Vamos lá, a jornada começa agora!

COMPARTILHE EM SEUS STORIES

FAÇA DAS REDES SOCIAIS UM ESPELHO DO SEU MELHOR EU, NÃO UMA PRISÃO DE EXPECTATIVAS.

@TERRADORAFAEL

Afinal, o que é bem-estar digital?

O conceito de bem-estar digital abrange a ideia de utilizar a tecnologia de maneira saudável e equilibrada, evitando impactos negativos na saúde mental, física e na qualidade de vida. Isso envolve compreender e gerenciar como utilizamos dispositivos e plataformas digitais, buscando um equilíbrio entre a vida online e offline.

Aspectos principais do bem-estar digital incluem:

- **Conscientização sobre o uso da tecnologia:** é fundamental estar ciente de como e quanto usamos a tecnologia, especialmente se ela estiver afetando negativamente áreas como sono, trabalho, relacionamentos e lazer.

- **Equilíbrio entre atividades online e offline:** estabelecer limites para o uso de dispositivos e aplicativos é crucial. Isso pode envolver definir horários específicos para verificar e-mails ou redes sociais, evitando o uso excessivo antes de dormir e outras práticas que promovam um equilíbrio saudável.

- **Autocuidado digital:** adotar práticas de segurança e privacidade online, como usar senhas fortes, proteger informações pessoais e ser seletivo nas interações online.

- **Discernimento na avaliação de conteúdo online:** desenvolver habilidades críticas para filtrar informações falsas ou enganosas e buscar fontes confiáveis.

- **Cuidado com a saúde mental:** monitorar como o uso da tecnologia afeta seu estado emocional e buscar atividades que promovam o bem-estar, como exercícios físicos, meditação e hobbies.

BEM-ESTAR DIGITAL

Para oferecer uma análise mais aprofundada sobre bem-estar digital, vamos explorar diversas imensões do tema:

- **Definição e importância:** bem-estar digital refere-se ao uso saudável e consciente de tecnologia. Ele é essencial para evitar a sobrecarga de informações, a dependência de dispositivos e os efeitos negativos na saúde mental e física. É uma resposta ao aumento do tempo que passamos conectados e às crescentes preocupações com o impacto da tecnologia em nossas vidas.

- **Aspectos psicológicos:** a tecnologia pode influenciar significativamente a saúde mental. O uso excessivo de dispositivos está associado a problemas como ansiedade, depressão e problemas de sono. A conscientização sobre o uso de tecnologia e a prática de hábitos saudáveis são fundamentais para mitigar esses riscos.

- **Uso Consciente da tecnologia:** envolve o reconhecimento dos hábitos digitais e a implementação de estratégias para um uso mais saudável. Isso pode incluir limitar o tempo de tela, usar tecnologias que promovam o bem-estar (como aplicativos de meditação) e estabelecer horários para desconexão.

- **Estratégias de gestão digital:** incluem a utilização de recursos como filtros de luz azul, configurações de tela cinza e aplicativos de monitoramento de uso para gerir o tempo de tela e reduzir a exposição a estímulos digitais antes de dormir. Esses recursos ajudam a criar um ambiente digital mais saudável.

- **Impacto no trabalho e na educação:** com o aumento do trabalho e do ensino a distância, tornou-se crucial encontrar um equilíbrio entre a vida profissional/educacional e a pessoal. Isso inclui estabelecer limites claros de trabalho e estudo, promover pausas regulares e criar um espaço de trabalho ergonômico.

- **Bem-estar digital para crianças e adolescentes:** o gerenciamento do tempo de tela e do conteúdo acessado por jovens é vital para o desenvolvimento saudável. Isso inclui monitoramento parental, discussão sobre os riscos da internet e encorajamento de atividades offline.

- **Papel das empresas e instituições:** as organizações têm um papel crucial na promoção do bem-estar digital, oferecendo políticas de trabalho flexíveis, promovendo pausas e oferecendo recursos para ajudar os funcionários a gerenciar o estresse e a fadiga digital.

- **Desafios e críticas:** enquanto o bem-estar digital é um conceito importante, também enfrenta desafios, incluindo a resistência à mudança de hábitos, a dificuldade em definir limites claros de uso da tecnologia e a necessidade de mais pesquisas para entender completamente seu impacto.

- **Tendências futuras:** a evolução do bem-estar digital provavelmente se concentrará em tecnologias emergentes como realidade aumentada e virtual, inteligência artificial e a Internet das Coisas (IoT). Essas tecnologias trazem novas dimensões ao bem-estar digital, desafiando-nos a repensar como interagimos com a tecnologia em um mundo cada vez mais conectado.

Os fatores que podem afastar as pessoas do bem-estar digital são:

- **Uso excessivo e isolamento social:** a combinação entre passar tempo demais em dispositivos e o isolamento resultante de interações limitadas face a face pode levar ao cansaço e à desconexão do mundo real.

BEM-ESTAR DIGITAL

- **Comparação nas redes sociais e impacto nas relações pessoais:** comparar-se constantemente com outros online pode diminuir a autoestima e causar conflitos em relacionamentos pessoais devido a expectativas irreais.

- **Notificações Constantes e Problemas de Concentração:** Interrupções frequentes podem causar estresse, dificultar a concentração e impactar a produtividade no trabalho ou nos estudos.

- **Conteúdo negativo ou tóxico e alterações de humor:** consumir conteúdo que promova negatividade ou toxidade pode afetar o humor, contribuindo para sentimentos de depressão e ansiedade.

- **Falta de privacidade e ansiedade social:** preocupações com a privacidade online podem causar ansiedade, enquanto a dependência de interações digitais pode prejudicar a habilidade de se relacionar pessoalmente.

- **Cyberbullying e problemas de saúde mental infantil:** experienciar ou testemunhar assédio online pode ter impactos psicológicos sérios, incluindo atrasos no desenvolvimento emocional e social em crianças.

- **Dependência de aprovação digital e prejuízos à formação de identidade:** a busca por validação e aprovação em plataformas digitais pode ser prejudicial, especialmente para jovens em processo de formação da identidade.

- **Sobrecarga de informações e esgotamento (burnout) digital:** a constante enxurrada de informações pode ser opressiva e confusa, levando ao esgotamento mental.

- **Distrações digitais e dificuldades na tomada de decisões:** a facilidade de distração com tecnologia pode impactar a produtividade e dificultar a capacidade de tomar decisões efetivas.

- **Dificuldade em desconectar e problemas de sono:** a incapacidade de se desconectar pode levar a um estado de alerta constante, interferindo na qualidade do sono.

- **Falta de atividade física e dores físicas:** o uso prolongado de dispositivos pode levar a um estilo de vida sedentário e causar problemas como dor no pescoço e nos olhos.

- **Pressão para estar sempre conectado e conflitos de trabalho:** sentir a necessidade de estar sempre disponível online pode ser exaustivo e causar mal-entendidos e conflitos no ambiente de trabalho.

- **Exposição à desinformação e redução da criatividade:** o acesso fácil a informações falsas ou enganosas pode ser prejudicial, enquanto a dependência de soluções digitais pode limitar a criatividade e a resolução de problemas.

- **Estresse visual e postural e cansaço visual e postural:** o uso prolongado de dispositivos pode causar problemas visuais e posturais, incluindo cansaço visual.

- **Falta de conteúdo diversificado e desvalorização de experiências pessoais:** consumir um espectro limitado de conteúdos pode limitar a compreensão e a empatia, enquanto a necessidade de documentar cada momento online pode diminuir o valor das experiências vividas.

- **Uso inconsciente de tecnologia e desconexão da natureza:** usar tecnologia sem propósito claro pode levar a um uso excessivo e sem sentido, enquanto o foco excessivo na tecnologia pode levar à desconexão do ambiente natural e seus benefícios.

- **Impacto nas relações pessoais e problemas na formação de identidade:** o uso excessivo de tecnologia pode prejudicar as relações interpessoais e gerar dificuldades na formação da identidade devido à influência das redes sociais.

Os fatores listados ilustram como a falta de bem-estar digital pode afetar negativamente diversos aspectos da vida real, desde relacionamentos e saúde mental até produtividade e percepção de si mesmo. Reconhecer e abordar esses fatores é crucial para promover um equilíbrio.

COMPARTILHE EM SEUS STORIES

SEU DISPOSITIVO REFLETE VOCÊ: CONHEÇA SEUS HÁBITOS DIGITAIS PARA MOLDAR SUA REALIDADE ONLINE.

@TERRADORAFAEL

Princípio 1: autoconsciência digital

Meu dispositivo é um reflexo do meu eu interior, uma janela para meus hábitos digitais que, por sua vez, moldam minha realidade online e offline. Aliás, quer conhecer realmente o comportamento de uma pessoa? É só pedir para ver o "Explorar" do Instagram dela — não que eu recomende fazer isso...

A autoconsciência digital é a habilidade de entender e refletir sobre como interagimos com a tecnologia e o impacto que isso tem em nossas vidas. Cultivá-la significa reconhecer a influência das interações digitais em nossos sentimentos, pensamentos e comportamentos, e utilizar essa compreensão para promover um bem-estar digital sustentável.

Esta jornada de autoconhecimento digital começa com uma pergunta simples, mas profunda: como e por que uso a tecnologia?

Dia após dia, me via navegando entre aplicativos e redes sociais, oscilando entre o consumo e a produção de conteúdo. Foi então que comecei a questionar a natureza do meu engajamento digital:

*Estou apenas consumindo o que outros compartilham
ou estou também criando, contribuindo com
algo valioso para a comunidade online?*

Esse balanço entre consumir e produzir tornou-se uma bússola para o uso consciente da tecnologia, encorajando-me a encontrar um equilíbrio saudável que enriqueça minha vida, tanto online quanto offline.

Isso me fez questionar como gerencio meu tempo digital, especialmente ao calcular que, gastando em média 3 horas por dia no smartphone, isso soma cerca de 90 horas por mês e ultrapassa 1.080 horas por ano. Imaginar o que poderia fazer com todo esse tempo, se bem aproveitado, foi um verdadeiro despertar. Poderia aprender uma nova língua, mergulhar em hobbies esquecidos ou simplesmente aproveitar momentos preciosos com pessoas queridas.

Para entender melhor meus padrões de uso, comecei a explorar ferramentas como o Screen Time, no iOS, e o Digital Wellbeing, no Android. Esses aplicativos não só me deram uma visão clara de como passo meu tempo online, mas também me ajudaram a estabelecer limites saudáveis, promovendo um engajamento mais intencional com a tecnologia.

Aprofundar-se na autoconsciência digital requer ir além da simples monitoração do tempo de tela. Trata-se de entender profundamente as razões pelas quais nos engajamos online e o impacto desse engajamento em nossa vida. Aqui estão algumas reflexões e estratégias para cultivar uma autoconsciência digital mais profunda:

1. **Análise Reflexiva do Comportamento Online**

Comece questionando não apenas quanto, mas também por que, você usa a tecnologia da maneira que usa. Quais são suas motivações para estar nas redes sociais, jogar jogos online, ou consumir conteúdo digital? É por conexão, entretenimento, aprendizado, escapismo ou pressão social? Essa reflexão ajuda a entender suas necessidades e comportamentos subjacentes.

2. **Diário Digital**

Mantenha um diário de suas atividades online por uma semana. Anote o que você fez, por quanto tempo e como se sentiu antes, durante e depois. Isso pode revelar padrões interessantes, como certos tipos de atividades digitais que consistentemente melhoram ou pioram seu humor.

3. Identificação de Gatilhos e Emoções

Perceba os gatilhos que o levam a usar a tecnologia de forma não intencional. Você está entediado, ansioso, solitário? Reconhecer esses gatilhos pode ajudá-lo a buscar soluções mais saudáveis para esses sentimentos.

4. Avaliação do Impacto nas Relações Interpessoais

Reflita sobre como suas interações digitais afetam seus relacionamentos. Você se sente mais conectado ou isolado? Como a tecnologia afeta sua comunicação e interações com amigos e família?

5. Consumo Consciente de Conteúdo

Faça uma curadoria ativa do conteúdo que consome. Questione se o que você está consumindo contribui positivamente para sua vida. Isso se alinha com seus valores, interesses e objetivos pessoais?

6. Desconexão

Periodicamente, faça detox digitais para observar como a ausência da tecnologia afeta você. Essas pausas podem oferecer insights valiosos sobre sua dependência da tecnologia e como ela molda sua percepção de si mesmo e do mundo ao seu redor.

7. Práticas de Mindfulness

Integre práticas de mindfulness ao usar a tecnologia. Antes de abrir um aplicativo ou site, faça uma pausa e pergunte a si mesmo: "Por que estou aqui? Isso é realmente o que quero ou preciso fazer agora?"

8. Estabelecimento de Objetivos e Limites

Defina objetivos claros para seu uso da tecnologia. Quais são suas intenções? Estabeleça limites que suportem esses objetivos, como horários específicos do dia para verificar e-mails ou redes sociais.

9. Feedback e Reflexão Contínuos

Regularmente, revise seu engajamento digital. Está alinhado com quem você quer ser? O que você aprendeu sobre si mesmo através de suas interações digitais?

10. Busca por Equilíbrio

Encontre um equilíbrio entre vida online e offline que promova seu bem-estar geral. Engaje-se em atividades que enriqueçam sua vida fora da tela, como hobbies, natureza e tempo com entes queridos.

Cultivar autoconsciência digital não é uma tarefa que se realiza da noite para o dia, mas um processo contínuo de questionamento, reflexão e ajuste. Ao adotar essas estratégias, você pode começar a formar um relacionamento mais saudável e consciente com a tecnologia, que apoie seu bem-estar geral e lhe permita viver de maneira mais autêntica tanto online quanto offline. E isso é justamente o assunto do próximo capítulo.

☒

GRANDE ERRO:

Cultivar ansiedade por não participar de eventos ou interações sociais online.

☑

DICA:

Reconheça que é impossível participar de tudo e valorize suas escolhas.

COMPARTILHE EM SEUS STORIES

COMPARE MENOS, VIVA MAIS. SUA JORNADA É ÚNICA, NÃO UMA COMPETIÇÃO ONLINE.

@TERRADORAFAEL

Princípio 2: autenticidade digital

A autenticidade digital emergiu como um princípio vital nesta jornada. As redes sociais devem ser uma extensão do meu eu autêntico, refletindo meus valores e identidade sem necessidade de máscaras.

Refletir sobre como me apresento nas redes sociais me fez perceber que elas deveriam ser mais do que um espelho do meu melhor eu; elas deveriam ser uma extensão legítima de quem sou, um espaço onde me orgulho de me ver representado. Comecei, então, a me perguntar: "Quem sou eu? Qual é minha mensagem para o mundo?" Essas reflexões me guiaram a compartilhar conteúdo que não apenas reflete minha autenticidade, mas também inspira e acrescenta valor à vida dos outros.

Mas autenticidade na web vai além de compartilhar cada pensamento que cruza minha mente; é sobre expressar o que realmente define quem sou de maneira que acrescente algo positivo ao mundo ao meu redor. Isso significa viver online sem máscaras, permitindo que minha verdadeira identidade brilhe, ao mesmo tempo que entendo que autenticidade não é sinônimo de descontrole.

Mas preste atenção: é um pecado que algumas pessoas fiquem presas em looping na busca de um **propósito** e de **autenticidade**, porém não saiam do lugar. Sim, essa busca é legítima, mas jamais permita que ela paralise você! Afinal, no caminho estarão os seus maiores achados, na vida e no digital!

Para encontrar a autenticidade nas profundezas da alma, aqui estão algumas estratégias:

1. **Autoconhecimento e honestidade:** reconheça e aceite suas emoções, motivações, e crenças verdadeiras. A autenticidade exige que você entenda e seja honesto consigo mesmo sobre quem você é e o que sente.

2. **Examine suas dúvidas:** use suas dúvidas como pistas para compreender melhor a si mesmo. Elas podem revelar aspectos do seu eu autêntico que você esteja ignorando ou reprimindo.

3. **Enfrente seus medos:** explorar crenças e emoções profundas pode ser assustador, mas enfrentar esses medos é fundamental para descobrir sua autenticidade.

4. **Explore seus valores:** identifique e viva de acordo com seus valores pessoais. Isso ajuda a alinhar suas ações com seu verdadeiro eu.

5. **Amor-próprio e compaixão:** cultive o amor por si mesmo e pelos outros. O amor-próprio é essencial para permitir que seu eu autêntico se manifeste.

6. **Reconheça que leva tempo:** desenvolver autenticidade é um processo contínuo e em evolução. Tenha paciência e compaixão consigo mesmo ao longo deste caminho.

7. **Liberte-se de padrões e crenças antigos:** identifique pensamentos e comportamentos que não refletem mais quem você é e trabalhe para liberá-los.

8. **Fique presente:** a capacidade de estar presente consigo mesmo, independentemente do que está acontecendo ao seu redor, é crucial para a autenticidade. Pratique estar consciente dos seus pensamentos e emoções.

9. **Crie um sistema de apoio social autêntico:** rodeie-se de pessoas que sejam verdadeiras consigo mesmas e que apoiem sua jornada para a autenticidade.

10. Comunique-se de forma assertiva: Aprenda a expressar suas necessidades e opiniões com confiança, mantendo o respeito pelos outros.

Neste processo da busca de autenticidade digital, comecei a ver a tecnologia mais como uma aliada do que como uma fonte de distração. Transformei as redes sociais em ferramentas que trabalham para mim, em vez de ser um escravo das notificações e do fluxo incessante de conteúdo.

☒

GRANDE ERRO: Comparar-se com a vida "perfeita" apresentada por influenciadores.

☑

DICA:

Lembre-se de que o que é compartilhado online muitas vezes não reflete a realidade completa. E o principal: você é uma pessoa única!

COMPARTILHE EM SEUS STORIES

TEMPO ONLINE É VIDA REAL: GERENCIE-O COM A MESMA SERIEDADE.

@TERRADORAFAEL

Princípio 3: gratificação adiada e o foco necessário

A nossa relação com a tecnologia é muito parecida com um doce que desejamos comer imediatamente, em vez de esperar pelo jantar.

Cada curtida, cada notificação, é um impulso de dopamina, a substância química atrelada ao prazer que nosso cérebro libera, criando um ciclo vicioso de busca por mais. Pesquisas, incluindo estudos da Universidade de Stanford, destacam como a incessante busca por gratificação imediata afeta nossa capacidade de atenção e produtividade, levando-nos a agir quase como crianças em busca de aprovação, em um constante "Mãe, olha eu aqui!", cada vez que postamos algo online.

Já estudos no campo da neurociência têm demonstrado como a interação com tecnologias digitais afeta nossa capacidade de foco e autocontrole. Uma descoberta alarmante é a comparação da nossa capacidade de atenção com a de um peixe-dourado, sugerindo que o ser humano moderno pode se concentrar por apenas oito segundos, um reflexo direto do ambiente digital saturado de estímulos em que vivemos. Esse dado, embora controverso, ilustra vividamente o desafio de manter a concentração em um mundo repleto de interrupções.

Assim, a chave para uma relação saudável com a tecnologia reside na nossa capacidade de equilibrar a busca por gratificação instantânea com a prática da gratificação adiada. Esse equilíbrio não só aprimora nossa capacidade de foco, mas também ensina o valor inestimável da paciência em um mundo cada vez mais acelerado.

A gratificação adiada não é apenas sobre esperar; é sobre reforçar nossa capacidade de foco, fortalecendo nossa determinação e nossa habilidade de perseguir objetivos de longo prazo, apesar das tentações instantâneas. Cada distração ou busca por gratificação imediata representa um obstáculo no caminho para construir a vida que verdadeiramente merecemos.

É crucial reconhecer que, embora a tecnologia ofereça inúmeras conveniências e prazeres, seu uso desenfreado pode comprometer nossa habilidade de alcançar metas significativas.

Para mim, a jornada rumo a um foco mais aguçado e uma resistência à gratificação instantânea começou com um gesto simples, mas significativo: desligar o celular para escrever este capítulo do livro. Essa ação simboliza um dos princípios que adotei para melhorar minha produtividade e bem-estar digital: estabelecer horários específicos para tarefas específicas.

Abandonar o hábito de responder e-mails imediatamente após recebê-los foi uma revelação. Descobri que não precisamos ser escravos da velocidade imposta pelo mundo digital. Ao contrário, sou muito mais produtivo e focado quando delimito períodos dedicados a cada atividade. Esse método não só melhorou minha eficiência, mas também me ajudou a cultivar uma sensação de controle sobre meu tempo e atenção.

Tenha um horário para cada coisa, por exemplo, acessar a rede social. Foco é tudo. E tudo que focamos cresce. Que cresça o que é bom!

No intuito de compartilhar essa jornada com você, aqui estão algumas dicas que desenvolvi para melhorar o foco online e a prática da gratificação adiada. Inicialmente, defina metas claras para seu tempo online. Eu, por exemplo, adoro colocar tudo o que tenho para fazer no bloco de notas. A sensação de ir riscando o que concluímos é gratificante e reforça a noção de progresso.

Em seguida, utilize técnicas de gerenciamento de tempo, como a técnica Pomodoro, que consiste em trabalhar com total foco por períodos de 25 minutos, seguidos de uma pausa curta. Isso não apenas aumenta a produtividade, mas também mantém a mente fresca e pronta para o próximo desafio.

Desative as notificações desnecessárias em seu celular e computador. Essa simples ação pode reduzir significativamente as interrupções, permitindo que você se concentre melhor nas tarefas em mãos. Além disso, organize seu espaço de trabalho de forma a minimizar distrações e facilitar a concentração. Um ambiente limpo e ordenado é fundamental para manter o foco.

Priorizar suas tarefas também é crucial. Foque primeiro as mais importantes ou desafiadoras. Isso assegura que você dedique sua melhor energia às atividades que realmente fazem a diferença.

Desenvolver resiliência digital é outra estratégia importante. Ao aumentar gradativamente o tempo longe das telas, você fortalece sua capacidade de viver sem a constante necessidade de estímulos digitais. E, ao celebrar seus sucessos fora do digital, reconhecendo os esforços feitos para manter o foco e a produtividade, você reafirma o valor das conquistas no mundo real.

Além disso, percebi a importância de recompensas fora do ambiente digital. Ao concluir uma tarefa, por exemplo, permito-me desfrutar de um café ou ouvir uma música favorita. Esses momentos de prazer, desvinculados das telas, são essenciais para reafirmar que a verdadeira satisfação reside nas experiências tangíveis e nas pequenas alegrias do dia a dia.

Aprender a dizer não é outra habilidade crucial. Reconheça que não é possível consumir todo o conteúdo disponível online. Dizer não a certas distrações é essencial para manter o foco nas prioridades, permitindo que você dedique mais tempo e atenção às coisas que realmente importam. Isso vale também para a vida pessoal. Costumo dizer que algumas pessoas vão gostar da gente até ouvirem o primeiro NÃO. E está tudo bem. Diga mais "sim" para quem aceita os seus "nãos".

Adotar essas práticas não é apenas uma maneira de combater a dependência digital; é, mais profundamente, um convite para redescobrir as alegrias da vida fora das telas e alcançar objetivos significativos na sua jornada. Esse processo reforça a ideia de que felicidade e satisfação verdadeiras provêm de experiências reais e conexões humanas significativas.

Encorajo você a reavaliar suas prioridades digitais e a buscar uma vida mais intencional e realizada. Lembre-se sempre de que a capacidade de esperar e concentrar-se nas coisas que realmente importam pode ser a maior recompensa de todas.

Para finalizar, existem vários aplicativos e ferramentas projetados para ajudar a minimizar distrações e melhorar o foco ao bloquear sites e aplicativos que podem desviar sua atenção. Aqui estão alguns dos mais eficazes:

- **Freedom:** disponível para Windows, Mac, Android e iOS, o Freedom permite bloquear sites, aplicativos e até mesmo a internet inteira por períodos definidos, ajudando você a se concentrar em suas tarefas sem interrupções.

- **Cold Turkey:** uma ferramenta robusta disponível para Windows e Mac que bloqueia sites, aplicativos e até mesmo jogos. Você pode configurar horários específicos para bloqueio ou iniciar uma sessão de foco para trabalhar sem distrações.

- **StayFocusd:** uma extensão do Chrome que limita o tempo que você pode passar em sites distrativos. Você define um limite de tempo para sites específicos, e, uma vez atingido, o StayFocusd bloqueia o acesso a esses sites pelo resto do dia.

- **Forest:** disponível para iOS e Android, o Forest usa uma abordagem gamificada para ajudar a manter o foco. Ao iniciar uma tarefa, você planta uma árvore virtual que só crescerá se você não usar seu telefone por um período definido. Se você sair do app para verificar outro site ou aplicativo, a árvore morrerá.

- **Focus@Will:** disponível para iOS, Android e na web, o Focus@Will afirma aumentar a concentração ao selecionar faixas com base na neurociência.

- **RescueTime:** disponível para Windows, Mac, Android e iOS, o RescueTime ajuda a monitorar como você gasta seu tempo no dispositivo, fornecendo insights detalhados. Ele também permite bloquear sites distrativos durante períodos de foco.

- **LeechBlock NG:** uma extensão gratuita e configurável para Firefox e Chrome que permite bloquear ou limitar o tempo em sites específicos. É ideal para quem precisa de uma solução flexível para gerenciar o tempo online.

☒

GRANDE ERRO:

Alimentar insegurança graças a imagens de "corpos perfeitos", que promovem padrões de beleza inatingíveis.

☑

DICA:

Siga contas que promovam positividade corporal e autoaceitação

COMPARTILHE EM SEUS STORIES

O MAIOR LIKE É AMAR A SI MESMO, LONGE DAS TELAS.

@TERRADORAFAEL

@terradorafael

Alimente sua mente com conteúdo que nutre, não que esgota!

Princípio 4: conteúdo consciente

A cada scroll, a cada clique, estamos consumindo informações que podem tanto enriquecer quanto empobrecer nosso bem-estar. A relevância desse consumo consciente é evidenciada por uma série de estudos, como o realizado pela Universidade de Michigan, que revela uma correlação direta entre o uso excessivo de redes sociais e o aumento de sentimentos de solidão e depressão. Este dado alarmante sublinha a importância de filtrar ativamente o conteúdo que permitimos em nossas vidas digitais.

A analogia de que somos a média das cinco pessoas com quem mais convivemos é amplamente conhecida, mas no âmbito digital essa máxima ganha uma nova dimensão. Com mais horas gastas online do que em interações físicas, torna-se crucial reconhecer que as figuras que seguimos nas redes sociais exercem uma influência significativa sobre nós. Isso me levou a uma reflexão profunda sobre a qualidade das conexões digitais que escolho manter e como elas moldam meu crescimento pessoal.

Aprender com os acertos e erros dos outros no digital é, sem dúvida, um atalho valioso para o desenvolvimento pessoal. As redes sociais, quando usadas estrategicamente, podem ser fontes incríveis de inspiração e aprendizado. Por exemplo, seguir líderes e especialistas em áreas de meu interesse transformou meu feed em uma rica fonte de conhecimento e motivação.

BEM-ESTAR DIGITAL

No entanto, a influência digital vai além da inspiração; ela tem o poder de moldar nossa autoimagem e percepções do mundo. Cada um de nós, independentemente do número de seguidores, exerce alguma forma de influência digital. Esse reconhecimento impõe a responsabilidade de escolher conscientemente quem nos influencia e de que maneira. Optar por ser influenciado por vozes que promovem crescimento e positividade tornou-se uma prática fundamental na minha jornada digital.

A comparação nas redes sociais é outro aspecto que merece atenção. O estudo "The Association between Social Media Use and Eating Concerns among US Adolescents", publicado no *Journal of Adolescent Health*, destaca como a exposição a imagens idealizadas no Instagram pode intensificar problemas de autoestima e percepção corporal, especialmente entre os jovens. Essa percepção distorcida da realidade enfatiza a necessidade de uma abordagem mais consciente e seletiva ao conteúdo que consumimos.

Escolher seguir perfis e páginas que nutrem nossa mente e evitam aqueles que contribuem para a ansiedade ou negatividade tornou-se uma prática diária essencial. A exposição contínua a conteúdos tóxicos pode levar a um ciclo de consumo prejudicial, reforçado pelos algoritmos das plataformas que nos encorajam a permanecer engajados com tipos semelhantes de conteúdo.

As plataformas como TikTok, conhecidas pelo consumo rápido de conteúdo, podem nos levar a uma espiral de conteúdo superficial ou negativo. Reconhecendo que "somos o que consumimos", essa máxima se aplica tanto à alimentação física quanto ao conteúdo digital. O repertório que construímos online molda nosso pensamento, nossas crenças e até mesmo nossas ações.

Desenvolver um consumo crítico de informações tornou-se, então, uma habilidade indispensável. Identificar e evitar fake news e conteúdos enganosos, buscando fontes confiáveis, é parte de manter uma dieta digital saudável. Ser um "jardineiro digital", cultivando uma paisagem online repleta de verdades e conteúdos enriquecedores, é uma meta a ser alcançada.

@terradorafael

Realizar uma curadoria consciente do conteúdo digital que consumimos é essencial para garantir que nosso engajamento online seja benéfico e enriquecedor. Ao fazer uma seleção criteriosa do que permitimos entrar em nosso espaço digital, podemos proteger nossa saúde mental e promover nosso crescimento pessoal.

Aqui estão dez perguntas que podemos nos fazer para avaliar se nosso consumo digital está alinhado com um consumo consciente:

1. **Este conteúdo acrescenta valor à minha vida?**

    Reflita se o que você está consumindo traz novos conhecimentos, inspirações ou melhora seu bem-estar de alguma forma.

2. **Como me sinto após consumir este conteúdo?**

    Observe suas emoções e estado de espírito após o consumo. Se sentir ansiedade, tristeza ou insatisfação, pode ser um sinal para reconsiderar suas escolhas.

3. **Este conteúdo reflete meus valores e crenças?**

    É importante que o conteúdo não conflite com seus princípios pessoais, promovendo uma ressonância positiva com o que você acredita.

4. **Estou consumindo este conteúdo de forma passiva ou ativa?**

    Pergunte-se se você está engajando com o conteúdo de maneira crítica e reflexiva ou apenas consumindo passivamente sem questionamento.

5. **Este conteúdo me inspira a melhorar pessoal ou profissionalmente?**

   Avalie se o conteúdo o motiva a buscar melhorias em sua vida ou carreira.

6. **Estou me comparando negativamente com outros ao consumir este conteúdo?**

   A comparação é uma armadilha comum nas redes sociais. Se o conteúdo o faz sentir-se inferior ou insatisfeito com sua própria vida, pode ser hora de ajustar seu feed.

7. **Este conteúdo é autêntico e vem de uma fonte confiável?**

   Verifique a autenticidade e a credibilidade da fonte do conteúdo para evitar fake news e informações enganosas.

8. **Estou dedicando tempo demais ao consumo deste conteúdo?**

   Considere o tempo gasto e se ele está impactando negativamente outras áreas da sua vida.

9. **Este conteúdo promove interações e conexões significativas?**

   Analise se o conteúdo estimula conversas e relações positivas ou se contribui para o isolamento e a superficialidade nas interações online.

10. **O que este conteúdo revela sobre meus interesses e prioridades?**

    Reflita sobre como suas escolhas de conteúdo refletem o que é importante para você e se isso está alinhado com seus objetivos de vida e crescimento pessoal.

Fazer essas perguntas regularmente pode ajudá-lo a manter uma dieta digital saudável e assegurar que seu consumo de conteúdo digital seja intencional, positivo e construtivo. A curadoria consciente do conteúdo não é apenas sobre filtrar o negativo, mas também sobre ativamente buscar e engajar com conteúdo que enriqueça sua vida, promova seu bem-estar e amplie seus horizontes.

O medo de estar por fora ou de perder algo importante

A questão do FOMO, ou "fear of missing out" — o medo de estar por fora ou de perder algo importante —, é outra faceta crucial na discussão sobre o consumo consciente de conteúdo digital. Essa ansiedade, gerada pela constante atualização das redes sociais e pela enxurrada de informações disponíveis online, alimenta a necessidade de estarmos sempre conectados, temendo perder alguma novidade ou evento. Essa preocupação incessante não só sobrecarrega nossa capacidade mental mas também distorce nossa percepção de prioridades, levando-nos a valorizar a quantidade de informação em detrimento da qualidade.

Estudos, como o publicado no *Journal of Social and Clinical Psychology*, exploram a relação entre o uso de redes sociais, o FOMO e seus efeitos adversos no bem-estar psicológico. Os resultados sugerem que a redução do tempo passado em plataformas sociais pode significativamente diminuir os níveis de FOMO e aumentar a satisfação com a vida. O dado é um forte indicativo de que, para combater o FOMO, precisamos reavaliar nossa relação com o consumo de informação e as redes sociais.

Curar-se do FOMO envolve uma mudança consciente em nossa abordagem ao consumo digital. Primeiramente, é vital reconhecer que é impossível estar a par de tudo. Aceitar que algumas informações vão passar despercebidas nos libera da pressão de estar constantemente online. Além disso, focar o conteúdo que realmente acrescenta valor à nossa vida, em vez de consumir passivamente tudo o que aparece à frente, pode ajudar a reduzir a ansiedade associada ao FOMO.

Aqui estão algumas estratégias que podem nos auxiliar a lidar com o FOMO e a promover um consumo de conteúdo mais consciente:

- **Praticar a gratidão:** concentrar-se no que temos e nas experiências que vivenciamos, em vez de nos preocuparmos com o que podemos estar perdendo, fomenta uma atitude de gratidão que pode contrabalançar o FOMO.

- **Estabelecer limites de consumo digital:** designar horários específicos para checar redes sociais ou ler notícias ajuda a controlar o impulso de estar sempre atualizado, permitindo que nosso tempo e atenção sejam mais bem utilizados em atividades mais significativas.

- **Conectar-se de forma mais profunda e menos frequente**: em vez de varrer superficialmente uma ampla gama de informações, escolher mergulhar profundamente em tópicos de genuíno interesse pode ser mais gratificante e enriquecedor.

- **Praticar a presença e mindfulness:** por meio da meditação e de práticas de mindfulness, podemos treinar nossa mente para viver no momento presente, reduzindo a constante necessidade de buscar novas informações ou experiências. Vamos aprofundar este tópico nos próximos capítulos.

Adotar um consumo de conteúdo consciente significa também aprender a navegar no vasto mar de informações sem sermos arrastados pela correnteza do FOMO. Ao fazer escolhas deliberadas sobre o que, quando e como consumimos conteúdo, não só protegemos nossa saúde mental como também enriquecemos nossa vida com informações que são verdadeiramente relevantes e edificantes.

Este capítulo sobre o consumo consciente de conteúdo digital visa, portanto, não apenas alertar sobre os perigos do consumo indiscriminado de informação, mas também oferecer ferramentas para que possamos escolher um caminho mais equilibrado e intencional no universo digital.

☒

GRANDE ERRO:
Consumir conteúdos indesejados ou perturbadores.

☑

DICA:

Utilize filtros e configurações de privacidade para controlar o conteúdo que você vê.

COMPARTILHE EM SEUS STORIES

LIKE NÃO É AFETO!

@TERRADORAFAEL

Princípio 5: resiliência digital

A digitalização trouxe consigo um universo de possibilidades, transformando a maneira como vivemos, trabalhamos e nos relacionamos. Porém, com grandes possibilidades, vêm também grandes desafios. Um desses desafios é a necessidade de desenvolver o que considero o quinto princípio para o bem-estar digital: a resiliência digital. Navegar no mundo digital exige mais do que apenas habilidades técnicas; requer a capacidade de enfrentar, recuperar e crescer a partir das adversidades online.

A resiliência digital é essencial porque, apesar das inúmeras vantagens, o ambiente digital também amplifica críticas, ofensas e muitas vezes uma visão distorcida de nós mesmos. Quem está online está exposto a um fluxo constante de feedback, nem sempre positivo. Para ilustrar, pensemos nos youtubers que celebram milhões de inscritos com suas placas em punho. O que muitas vezes não vemos é o longo e árduo caminho percorrido até alcançarem tal feito. Muitos desistem pela falta de resiliência, ilustrando a importância deste atributo. Você já ouviu falar de quantos influencers que sucumbiram à pressão do digital?

A busca por validação online, como likes e comentários positivos, pode se tornar uma espada de dois gumes. Estudos indicam que, enquanto a aprovação online pode liberar dopamina e gerar uma sensação de felicidade, a falta dela pode desencadear sentimento de tristeza e inadequação. A dependência dessa forma de validação é um risco para o bem-estar emocional.

Portanto, é crucial desenvolver resiliência contra os aspectos negativos da tecnologia, como cyberbullying, desinformação e pressão social. Mais do que nunca, é necessário ter empatia por si mesmo, compreendendo que críticas online não definem quem somos nem determinam o valor de nossas contribuições.

BEM-ESTAR DIGITAL

Buscar a felicidade no mundo digital de maneira sustentável implica em evitar a dependência de aprovação online. Focar em satisfação e realização pessoal é essencial. Cada jornada é única, assim como cada indivíduo.

Além disso, há a necessidade de compaixão por si mesmo no ambiente digital. É fácil cair na armadilha de se comparar com os outros online. Aliás, não se engane: cada post é só um pedaço da realidade, não a vida inteira. Isso deve servir como um lembrete fundamental em um mundo onde a comparação nas redes sociais pode facilmente desvirtuar nossa percepção de felicidade e sucesso.

Ao lembrar que o que vemos online é uma seleção cuidadosamente curada de momentos, e não um reflexo completo da realidade cotidiana, podemos mitigar o impacto negativo da comparação constante. As redes sociais, com suas vitrines de sucessos e alegrias, omitindo os desafios e as lutas, podem criar uma imagem distorcida da realidade que leva muitos a sentir que suas vidas não são suficientemente boas.

Reconhecendo que cada postagem é apenas uma fração da história de alguém, podemos aprender a apreciar nossas próprias vidas com todas as suas imperfeições. Isso não significa ignorar os aspectos positivos das redes sociais, mas, sim, abordá-las com uma perspectiva equilibrada e realista.

Essa consciência pode nos ajudar a cultivar uma relação mais saudável com o digital, onde a compaixão por si mesmo e a autenticidade se tornam pilares para uma interação online mais significativa. Em vez de perseguir uma perfeição inatingível, podemos focar em viver de maneira autêntica e valorizar as experiências reais, com todas as suas nuances.

Vamos combinar: nossa rotina muitas vezes não é instagramável, mas é muito boa! Eu adoro a minha!

Integrar essa compreensão ao desenvolvimento da resiliência digital significa também aprender a filtrar e processar as informações que recebemos online. Podemos nos perguntar: "Isso me faz sentir bem sobre minha própria vida ou me faz duvidar de meu valor?" Essa reflexão pode nos guiar para interações mais saudáveis e conteúdos que enriquecem nossa vida, em vez de nos diminuir.

Além disso, promover uma cultura de autenticidade nas redes sociais, nas quais compartilhamos os momentos de sucesso, mas também lutas e desafios, pode contribuir para um ambiente online mais inclusivo e empático. Isso beneficia tanto o nosso próprio bem-estar como o dos outros, criando uma comunidade digital que apoia a resiliência emocional e a compaixão.

Neste processo de escrever sobre resiliência digital, me deparei com uma fonte de inspiração valiosa. Brené Brown, com seu livro *A Coragem de Ser Imperfeito* e o documentário *O Poder da Coragem*, disponível na Netflix, nos ensina a abraçar nossa vulnerabilidade, a enfrentar a vergonha e a ousar ser quem realmente somos, uma mensagem que ressoa profundamente com a ideia de resiliência digital.

Em um mundo digital que frequentemente nos pressiona a nos apresentarmos de maneira perfeita, a reflexão de Brené sobre o perfeccionismo toca em um ponto crucial: "Perfeccionismo é um sistema de crenças autodestrutivo e viciante, que alimenta este pensamento primário: se eu parecer perfeito(a), levar uma vida perfeita e fizer tudo à perfeição, poderei evitar ou minimizar os sentimentos dolorosos de vergonha, crítica e culpa". Essa citação é um lembrete poderoso da armadilha que o perfeccionismo representa, especialmente em nossa vida digital, em que as aparências são frequentemente valorizadas acima da autenticidade.

Ainda inspirado pelo livro de Brené, destaco como a resiliência digital requer a capacidade de cultivar a intuição e a fé confiante, liberando-nos da incessante busca pela certeza. No ambiente digital, em que tudo muda rapidamente, é essencial aprender a confiar em nossa capacidade de navegar pela incerteza. Isso nos permite abraçar novas experiências e desafios com uma mente aberta e um coração corajoso.

Além disso, enfatizo a importância de cultivar um espírito resiliente, que nos permite nos recuperar dos reveses sem nos entorpecer ou nos sentir impotentes. Essa resiliência é fundamental para enfrentarmos as inevitáveis dificuldades e críticas que encontramos online.

Para complementar esses insights, proponho práticas específicas que podem fortalecer nossa resiliência digital:

- ▶ **Cultivo da paciência digital:** desenvolver a capacidade de esperar e valorizar os processos e resultados a longo prazo em um mundo acostumado à gratificação instantânea.

- ▶ **Encontrar o lado positivo:** aprender a ver o lado bom das situações difíceis, compartilhando essas perspectivas positivas online, encoraja não só a nós mesmos, mas também nossa comunidade digital.

- ▶ **Comunicar-se gentilmente por texto:** adotar uma abordagem mais atenciosa na interpretação de mensagens de texto, promovendo uma comunicação mais clara e empática.

- ▶ **Desafiar mensagens que prejudicam a autoestima:** estar atento e questionar as mensagens nas redes sociais e na mídia que nos fazem sentir inadequados, substituindo-as por pensamentos que reforcem nossa autoestima e valor pessoal.

Finalmente, ao abraçar a complexidade da vida, com seus altos e baixos, podemos encontrar um caminho para a satisfação pessoal que não depende da aprovação online. Este é o cerne da resiliência digital: a habilidade de se manter firme diante das adversidades, celebrar as próprias conquistas, independentemente de serem compartilhadas online, e apoiar os outros em sua jornada.

Para cultivar resiliência emocional em ambientes digitais, aqui vão 12 dicas práticas:

1. **Cultive conexões significativas:** priorize interações que sejam genuínas e enriquecedoras, em vez de buscar aprovação superficial.

2. **Pratique a autorreflexão:** use experiências negativas online como oportunidades para aprender e crescer.

3. Celebre suas conquistas offline: valorize suas realizações no mundo real, reconhecendo que sua valia vai além do digital.

4. **Mantenha uma perspectiva:** lembre-se de que o mundo online é apenas uma faceta da vida e não define a totalidade da sua existência.

5. **Concentre-se no positivo:** procure e compartilhe conteúdo que inspire e motive, tanto para você quanto para os outros.

6. **Reenquadre comentários negativos:** aprenda a ver críticas e comentários negativos como oportunidades de crescimento ou simplesmente como opiniões que não definem seu valor. Aprenda a diferenciar feedback útil de comentários destrutivos e use o primeiro para seu crescimento pessoal. Pergunte-se: "Há algo útil que posso tirar disso?" ou "Isso reflete mais sobre mim ou sobre a pessoa que está comentando?"

7. **Pratique a não comparação:** lembre-se de que as redes sociais são um palco para os melhores momentos das pessoas, não sua vida diária completa. Foque sua própria jornada e progresso, celebrando suas conquistas e aprendizados, em vez de se comparar com os outros.

8. **Celebre as conquistas alheias genuinamente:** veja o sucesso dos outros como inspiração, não como competição. Ao celebrar as conquistas alheias, você cultiva uma mentalidade de abundância e reforça a ideia de que o sucesso de outra pessoa não diminui o seu.

9. **Reconheça a unicidade de cada caminho:** entenda que cada pessoa está em uma jornada única, com seus próprios desafios e ritmos. Reconhecer isso pode ajudar a aliviar a pressão de seguir um determinado caminho ou cronograma e incentivar a aceitação de seu próprio processo.

10. **Crie uma rede de apoio positiva:** cerque-se de pessoas que o apoiam e encorajam, seja online ou offline. Ter uma comunidade que entende e compartilha de suas lutas e sucessos pode ser incrivelmente fortalecedor.

11. **Reflita sobre seus valores e objetivos:** mantenha o foco no que é importante para você e no que deseja alcançar, em vez de se distrair com o ruído online. Isso pode ajudar a manter sua autoestima e motivação, mesmo diante de desafios digitais.

12. **Pratique a gratidão:** cultivar uma atitude de gratidão por suas experiências, aprendizados e conexões pode ajudar a manter uma perspectiva positiva, reduzindo o impacto de comparações negativas e comentários desfavoráveis.

Desenvolver resiliência emocional em ambientes digitais não é uma tarefa fácil, mas é profundamente recompensadora. Ao adotar essas práticas, podemos navegar no mundo digital de forma mais saudável, encontrando equilíbrio e satisfação tanto online quanto offline. A jornada para a resiliência digital é contínua e exige conscientização, esforço e compreensão. Incorporar essa consciência em nossa navegação digital é um passo crucial para desenvolver resiliência digital.

Em suma, desenvolver resiliência digital é um processo contínuo que requer uma mistura de autoconsciência, autocompaixão e uma compreensão profunda de que a vida real é muito mais rica e complexa do que qualquer postagem nas redes sociais pode sugerir. Ao adotarmos essa abordagem, podemos navegar pelo mundo digital de forma mais saudável e contribuir para um ambiente online que celebra a autenticidade e a resiliência humana.

COMPARTILHE EM SEUS STORIES

SEJA GENTIL CONSIGO MESMO.

PARA SER GENTIL COM O OUTRO, PRIMEIRO SEJA GENTIL CONSIGO MESMO.

@TERRADORAFAEL

Princípio 6: empatia digital

O conceito de empatia digital vai além de simples interações respeitosas online; trata-se de um profundo reconhecimento da humanidade por trás de cada tela, cada perfil, cada comentário. É uma chamada para entendermos e respeitarmos as experiências vividas por outras pessoas no universo virtual. E o principal: como nossas ações digitais afetam o outro. Eu costumo dizer: se vai ferir, não posta.

Em um mundo onde a velocidade da internet acelera tanto a idolatria quanto a destruição de reputações, a cultura do cancelamento emerge como um fenômeno alarmante, destacando a ausência de empatia em nossas interações virtuais.

Recentemente, um caso de cancelamento chamou minha atenção, ilustrando a potência e as consequências dessa prática. Sem entrar em detalhes específicos, uma figura pública foi acusada online por uma ação passada, levando a uma reação em cadeia de julgamentos e condenações virtuais. Antes que a verdade completa fosse revelada, a reputação da pessoa já havia sido manchada, impactando sua saúde mental e física. Esse caso não é único e reflete uma tendência preocupante em nossa cultura digital.

Histórias de pessoas que sofreram consequências devastadoras devido a represálias online, incluindo casos extremos que resultaram em suicídios, são lembretes sombrios da potência destrutiva que a falta de empatia digital pode gerar. Eventos assim sublinham a urgência de repensarmos nossa conduta no ambiente digital, onde um comentário ou postagem pode ter um impacto profundo e duradouro sobre os outros.

Pesquisas, como a realizada pela Pew Research Center, indicam que quase 40% dos adultos online já passaram por alguma forma de assédio na internet, com um número significativo desses casos escalando para o que conhecemos como cyberbullying. Esse dado alarmante sublinha a importância de incorporarmos a empatia em nossas interações digitais.

BEM-ESTAR DIGITAL

O cyberbullying, especialmente entre jovens, tornou-se uma questão tão grave que muitas escolas pelo mundo estão introduzindo disciplinas dedicadas ao uso consciente da internet e à empatia digital. O objetivo é ensinar as crianças não apenas a se protegerem online, mas também a se tornarem cidadãos digitais responsáveis e empáticos.

Além disso, um aspecto muitas vezes negligenciado da empatia digital é a atenção aos sinais de conteúdos depressivos ou de pedido de ajuda nas redes sociais. Ao notarmos um amigo compartilhando com frequência posts que refletem tristeza ou desesperança, é essencial oferecer um ouvido atento ou sugerir uma conversa presencial. Esse gesto pode fazer toda a diferença para alguém que está lutando em silêncio.

Neste contexto, a humildade digital torna-se um valor inestimável. Reconhecer que nossos conhecimentos e compreensões são limitados, manter a mente aberta e disposição constante para aprender são atitudes essenciais para uma convivência harmoniosa na internet. Isso inclui evitar o comportamento de manada, que costuma levar a ações impulsivas e prejudiciais sem uma reflexão adequada.

Além disso, a responsabilidade social digital é um lembrete do impacto amplo que nossas ações digitais podem ter. Agir de forma responsável e ética online, buscando promover o bem-estar coletivo, é uma responsabilidade que todos devemos compartilhar. Manter a integridade digital, assegurando que haja consistência entre nossos valores pessoais e nosso comportamento online, é crucial para criar um espaço virtual que espelhe o melhor de nós. Afinal, hoje não existe mais diferença de online e offline. Somos apenas a experiência que deixamos no outro.

Uma prática particularmente transformadora de melhorar nossa empatia digital é a gratidão online. Utilizar a tecnologia para expressar gratidão, compartilhando apreciação pelos outros, pode mudar significativamente o ambiente digital. Esses pequenos atos de bondade têm o poder de promover um impacto positivo profundo.

@terrado**rafael**

A construção de comunidades positivas online emerge como um pilar fundamental na luta contra a negatividade e o isolamento frequentemente experimentados nas redes sociais. Participar ativamente na criação e manutenção de espaços virtuais que sejam acolhedores, positivos e promovam o bem-estar coletivo é uma maneira eficaz de combater a cultura do ódio e do cancelamento.

Estender momentos positivos e focar os outros, em vez de se concentrar excessivamente em si mesmo, transforma a dinâmica de nossas interações online. Compartilhar experiências positivas de maneira humilde e direcionar nossa atenção para a felicidade dos outros são práticas que beneficiam tanto a quem dá quanto a quem recebe.

Práticas como criar postagens pró-sociais e realizar atos aleatórios de bondade online são essenciais para estabelecer novos padrões na comunicação digital. Ao abordar comentários negativos com compaixão e oferecer suporte, em vez de crítica, promovemos uma cultura de empatia e entendimento mútuo.

Agora, permitam-me compartilhar um manual em dez passos para cultivar a empatia online, baseado em minha própria experiência e aprendizado:

1. **Pause antes de reagir:** nas interações online, dê-se um momento para considerar a perspectiva da outra pessoa antes de responder.

2. **Eduque-se:** busque entender as complexidades dos tópicos discutidos online, especialmente antes de participar de debates ou discussões.

3. **Pratique a escuta ativa:** mesmo online, tente realmente entender o ponto de vista alheio, em vez de apenas esperar sua vez de falar.

BEM-ESTAR DIGITAL

4. **Seja gentil:** lembre-se de que pequenos atos de gentileza podem ter um grande impacto no dia de alguém.

5. **Defenda os outros:** quando testemunhar cyberbullying ou comportamento tóxico, fale. Sua voz pode ajudar a criar um ambiente mais acolhedor.

6. **Promova a inclusão:** esforce-se para criar espaços online onde todos se sintam bem-vindos e valorizados.

7. **Compartilhe histórias positivas:** use sua plataforma para espalhar mensagens de esperança e encorajamento.

8. **Ofereça suporte:** se alguém parece estar passando por um momento difícil, estenda a mão e ofereça ajuda.

9. **Respeite as diferenças:** celebre a diversidade de opiniões e experiências, reconhecendo que todos temos algo valioso a contribuir.

10. **Pratique a gratidão:** não subestime o poder de um simples "obrigado" ou de reconhecer o bom trabalho dos outros.

Empregar a empatia digital em nosso dia a dia não é apenas sobre evitar fazer o mal, mas sobre ativamente fazer o bem, reconhecendo a humanidade compartilhada que nos une, apesar das distâncias físicas ou das barreiras digitais. Este capítulo é um convite a refletir sobre como cada um de nós pode contribuir para um espaço digital mais compassivo e compreensivo.

A empatia digital nos encoraja a colocar-nos no lugar do outro, lembrando que, por trás de cada perfil, comentário ou postagem, há uma pessoa real, enfrentando seus próprios desafios e vivendo histórias únicas.

☒

GRANDE ERRO:

Compartilhamento inapropriado de informações pessoais de outros.

☑

DICA:

Pense antes de compartilhar e respeite a privacidade alheia.

COMPARTILHE EM SEUS STORIES

LEMBRE-SE:

CADA POST QUE VOCÊ VÊ NAS REDES SOCIAIS É APENAS UM FRAGMENTO, NÃO A HISTÓRIA COMPLETA!

@TERRADORAFAEL

@terradorafael

Desligue para acender sua criatividade e paz interior!

Princípio 7: desconexão planejada

Confesso, a ideia de largar o smartphone, essa caixinha de Pandora cheia de possibilidades infinitas, parece quase um sacrilégio se não tivermos algo genuinamente mais interessante e enriquecedor para fazer. Mas aqui está o cerne da questão: muitas vezes caímos na armadilha de acreditar que o único entretenimento ou satisfação possível reside no universo digital. Isso não poderia estar mais distante da verdade.

Permitam-me compartilhar uma história pessoal: quando era mais novo, eu adorava andar de bicicleta. Era uma daquelas paixões que te preenchem, sabe? Mas, conforme o tempo passou, essa paixão ficou esquecida, engavetada em algum canto da memória, e passei mais de duas décadas sem sentir o prazer de pedalar. Até que, em janeiro de 2024, durante uma viagem ao Chile, tive a oportunidade de redescobrir esse antigo amor. O hotel onde me hospedei oferecia bicicletas para os hóspedes, e numa decisão impulsiva, mas transformadora, decidi dar uma volta. Sem celular, apenas eu, a bicicleta, meu amor e a cidade. Foi uma sensação de liberdade que eu não experimentava há anos.

Pedalando por aquelas ruas, ao lado de um rio e com montanhas ao fundo, senti-me inspirado e em plenitude. Sim, em um momento de descanso em um café, a falta do celular para capturar aquele momento me atingiu, mas foi passageiro. Rapidamente, reconectei-me ao presente e sorri, saboreando a beleza daquele instante sem filtros digitais.

BEM-ESTAR DIGITAL

A verdadeira questão é: o que te faz estar plenamente atento, ao ponto de não precisar da tecnologia para se sentir completo? Aqui jaz nosso maior recurso criativo, nossa paz interior. Li uma vez sobre a importância de momentos de não pensamento, de desligamento total, até de nós mesmos. Lutas, por exemplo, podem induzir a esse estado de atenção plena, pois precisamos estar totalmente atentos ao adversário. Mas, para mim, a bicicleta se tornou esse novo hobby, essa nova forma de meditação em movimento.

A felicidade, acreditem, reside na ação, no movimento. Contra a ansiedade, a estagnação, não há apenas terapias ou remédios; há a necessidade de se mover. Eu mesmo, outrora ansioso e sedentário, encontrei na combinação de exercícios físicos e podcasts sobre estoicismo um antídoto poderoso contra as tensões diárias. O estoicismo, com sua sabedoria milenar, ensina a resiliência, o valor do presente, e como podemos ser fortalezas diante das adversidades.

E não pensem que a desconexão é um luxo para poucos. Grandes executivos estão investindo em detox digital, buscando spas especializados para se afastarem do digital e reconectarem-se consigo mesmos e com a natureza. E é aqui que quero chegar: a importância de fazer pausas programadas da tecnologia, de se permitir momentos para simplesmente ser, sem telas, sem interrupções, em comunhão com o mundo ao nosso redor.

Enquanto escrevo, faço exatamente isso. Minha janela está aberta, a chuva cai suavemente lá fora, e me lembro de quão vital é fazer o que se ama, em contato com a natureza, como um hobby, como uma forma de meditação.

Portanto, meu conselho é: estabeleça momentos do dia ou da semana para ficar offline. Não apenas para relaxar, mas para acender sua criatividade, sua paz interior. O bem-estar digital, afinal, está intrinsecamente ligado ao nosso bem-estar físico e mental.

@terradorafael

Agora, para ajudar a planejar essa desconexão, aqui vão dez dicas para uma desconexão planejada eficaz:

1. **Defina horários de não tecnologia:** escolha períodos específicos durante o dia ou a semana para se desconectar de todos os dispositivos eletrônicos.

2. **Redescubra hobbies antigos:** retome atividades que você amava fazer antes da era digital tomar conta da sua vida. Seja ler um livro, pintar, cozinhar ou qualquer outra coisa que te faça feliz.

3. **Natureza como refúgio:** faça caminhadas, ande de bicicleta ou simplesmente passe um tempo ao ar livre. A natureza tem um efeito calmante e rejuvenescedor.

4. **Meditação e atenção plena:** dedique um tempo para meditar ou praticar exercícios de atenção plena, ajudando a centrar seus pensamentos e a reduzir o estresse.

5. **Conexões humanas:** valorize as interações cara a cara. Faça um esforço para passar tempo de qualidade com amigos e familiares sem a presença de telas. Vamos falar deste tópico no próximo capítulo.

6. **Exercícios físicos regulares:** integre atividades físicas na sua rotina. Isso ajuda não apenas a desconectar, mas também a manter a saúde física e mental em equilíbrio.

7. **Estabeleça zonas livres de tecnologia:** crie espaços em sua casa onde a tecnologia é estritamente proibida, como o quarto de dormir, para promover um ambiente mais tranquilo.

8. **Desafio do detox digital:** experimente desafios de detox digital, em que você se abstém de usar qualquer dispositivo digital por um período determinado, como um fim de semana ou durante as férias.

9. **Aprenda algo novo:** use o tempo longe das telas para aprender uma nova habilidade ou hobby que não dependa da tecnologia. Isso pode ser tão diverso quanto aprender a tocar um instrumento musical ou a jardinagem.

10. **Journaling e reflexão:** mantenha um diário para escrever pensamentos, sentimentos e experiências durante os períodos de desconexão. Isso não apenas ajuda a processar suas experiências, mas também a valorizar mais cada momento.

Por fim, lembre-se de que a desconexão planejada não é sobre renunciar à tecnologia completamente, e sim sobre encontrar um equilíbrio saudável entre o mundo digital e o físico. É sobre reconectar-se consigo mesmo, com os outros e com o mundo ao seu redor de maneiras significativas e enriquecedoras. Experimente, ajuste conforme necessário e descubra o quanto uma desconexão planejada pode melhorar sua qualidade de vida.

Higiene do sono

No contexto de uma desconexão planejada, a higiene do sono assume um papel ainda mais crucial, servindo como um alicerce para nossa saúde mental e física. Ao priorizar uma boa noite de sono, estamos não apenas descansando o corpo e a mente, mas também estabelecendo limites saudáveis com a tecnologia, algo essencial em nosso mundo cada vez mais conectado.

Mas o que exatamente significa higiene do sono? Refere-se a uma série de práticas e hábitos que visam promover um sono noturno mais longo e de melhor qualidade. Isso inclui desde a configuração do ambiente de dormir até as atividades que realizamos nas horas que antecedem o sono. Um dos aspectos cruciais da higiene do sono é a gestão da exposição à luz, especialmente a luz azul emitida por telas de dispositivos eletrônicos, como smartphones, tablets e computadores.

Essa luz pode interferir no nosso ritmo circadiano, o relógio biológico que regula os ciclos de sono e vigília, atrasando a produção de melatonina, o hormônio do sono, e dificultando o processo de adormecer.

A desconexão planejada à noite, especialmente nas horas que antecedem o sono, é uma oportunidade de ouro para cultivar práticas que melhoram significativamente a qualidade do nosso descanso. Essa pausa intencional no uso de dispositivos eletrônicos permite que nosso cérebro se desligue dos estímulos constantes e se prepare para um sono profundo e reparador. Vamos explorar, então, como integrar a higiene do sono nesse processo de desconexão:

▶ **Desligamento digital antes de dormir:** comprometa-se a desligar todos os dispositivos eletrônicos pelo menos duas horas antes da hora de dormir. Esse ato simples reduz sua exposição à luz azul prejudicial e diminui a atividade mental estimulada pelo consumo de conteúdo digital, facilitando uma transição suave para o estado de sono.

▶ **Modo noturno como ferramenta de transição:** se precisar usar dispositivos por qualquer motivo essencial à noite, ative o modo noturno para diminuir a emissão de luz azul. Embora o ideal seja evitar completamente as telas, essa configuração pode ser um meio-termo eficaz nos momentos em que a desconexão total não é possível.

▶ **Celular fora do quarto:** mantenha o celular em outro cômodo durante a noite. Essa estratégia não apenas impede o uso impulsivo do dispositivo como também melhora a qualidade do seu sono, ao remover a tentação de verificar notificações ou redes sociais se você acordar durante a noite. Além disso, ao colocar o despertador longe da cama, você cria um estímulo para levantar-se pela manhã, começando o dia com mais energia.

- ▶ **Ritual noturno sem telas:** desenvolva um ritual de relaxamento antes de dormir que não envolva tecnologia. Ler um livro, praticar meditação ou escrever um diário são atividades que ajudam a acalmar a mente e prepará-la para o sono. Esses momentos de calma e introspecção são essenciais para uma desconexão efetiva e um descanso reparador.

- ▶ **Ambiente propício ao sono:** assegure que seu quarto seja um santuário de descanso. Um ambiente escuro, fresco e tranquilo convida ao sono. Considere o uso de cortinas blackout, um ventilador ou um umidificador para criar as condições ideais para dormir.

- ▶ **Ritual de relaxamento:** desenvolver uma rotina noturna relaxante, como ler um livro, tomar um banho morno ou praticar técnicas de relaxamento, pode sinalizar para o seu corpo que é hora de diminuir o ritmo e preparar-se para dormir.

- ▶ **Horários regulares de sono:** estabeleça e mantenha uma rotina de sono consistente, indo para a cama e acordando no mesmo horário todos os dias. Essa regularidade fortalece o ciclo circadiano, melhorando a qualidade do sono e facilitando o despertar.

- ▶ **Cuidados com a dieta noturna:** evite alimentos pesados, cafeína e álcool antes de dormir. Estes podem afetar negativamente a qualidade do seu sono, impedindo que você descanse adequadamente.

Integrar a higiene do sono em sua rotina de desconexão planejada é um ato de autocuidado que reforça a importância de reservar um tempo para si mesmo, longe das exigências e da agitação do mundo digital. Ao priorizar essas práticas, você não só melhora a qualidade do seu sono, mas também enriquece sua vida com momentos de paz e presença plena. Este é o caminho para uma vida equilibrada, em que a tecnologia serve a nós, e não o contrário.

☒

GRANDE ERRO:

Cultivar ansiedade de desconexão (nomofobia) — o medo de estar sem acesso ao celular ou à internet.

☑

DICA:

Pratique períodos conscientes de desconexão para reduzir a dependência.

COMPARTILHE EM SEUS STORIES

NÃO EXISTE NADA MAIS TRISTE QUE UM CASAL, NUM BOM RESTAURANTE, SEPARADO POR TELAS!

@TERRADORAFAEL

Princípio 8: relações digitais saudáveis e conexões reais

Como bom taurino que sou, adoro frequentar bons restaurantes. E a experiência só fica completa com uma taça de espumante e, o principal, uma boa conversa em ótima companhia!

Nessas idas e vindas aos estabelecimentos, observo um comportamento cada vez mais comum e, confesso, um tanto triste: casais que passam o jantar inteiro sem trocar uma palavrinha, cada um imerso na tela do próprio celular. De vez em quando, dou aquela espiada na mesa ao lado e penso: a base de um bom relacionamento é o conteúdo. Quando não temos mais nada para trocar, o que resta? A conexão humana além da tela é essencial para nossa saúde mental.

A tecnologia, por mais que tenha facilitado o encontro entre pessoas, paradoxalmente também contribui para o afastamento. Pesquisas indicam que um número crescente de pessoas opta por terminar relacionamentos por mensagem de texto, evidenciando uma sensação de distanciamento emocional. De acordo com um estudo da YouGov, cerca de 20% dos adultos britânicos admitiram terminar um relacionamento dessa forma, o que reflete a complexidade das relações digitais na atualidade.

Quando falo sobre relações, não me refiro apenas a relacionamentos amorosos, mas à base da vida: o compartilhamento com o outro. Aliás, não tenho dúvidas de que o sentido da vida é compartilhar, deixar um legado.

As conexões virtuais deveriam enriquecer as reais, não substituí-las. Valorizo muito as interações autênticas e significativas, tanto online quanto offline. Dar atenção plena a alguém é um dos atos mais significativos hoje em dia.

É raro encontrar alguém que realmente pare para escutar o outro, um gesto de empatia e entrega genuína. Afinal, nos tornamos humanos através das nossas histórias compartilhadas.

BEM-ESTAR DIGITAL

Aconselho a evitar o uso do smartphone enquanto estiver com outras pessoas. Uma dica prática é manter o telefone fora de vista durante interações sociais, o que pode melhorar significativamente a qualidade da conexão com os outros.

Outro problema é o esquecimento das conexões reais e significativas, com foco nas superficiais, como se seguidores fossem amigos. Seguidores podem se tornar amigos, mas é essencial valorizar as interações cara a cara.

A tecnologia deve facilitar, não substituir, relacionamentos humanos autênticos. É importante fomentar relacionamentos significativos fora do ambiente digital, reconhecendo a importância das conexões pessoais e físicas para o bem-estar emocional.

É preciso encontrar um equilíbrio entre experiências online e atividades do mundo real, garantindo que o tempo gasto online seja significativo e não prejudique as relações pessoais e o tempo offline.

Somos frutos do que fazemos com nosso tempo, e investir apenas em relações digitais superficiais provavelmente resultará em frutos superficiais, aqueles de aparência, mas não de essência.

No que tange a relacionamentos amorosos, a intrusão digital pode gerar conflitos, desde a comparação com o life style de outros casais até a monitoração das atividades online do parceiro. É crucial entender que o smartphone, hoje, é quase uma extensão do nosso ser, contendo nossos pensamentos mais íntimos. Se há desconfiança sobre as ações do parceiro online, talvez reflita mais sobre suas próprias inseguranças do que sobre o comportamento do outro.

Os relacionamentos devem ser baseados em acordos claros e na gestão de expectativas. Se algo te incomoda, como o parceiro curtindo um milhão de mulheres de biquíni, é vital comunicar-se. Expressar suas inseguranças e expectativas pode prevenir mal-entendidos e fortalecer a relação.

Quanto à questão da tecnologia e às diferenças políticas expostas nas redes sociais, acredito que quem realmente gosta de você não te abandonará por causa de suas opiniões políticas. O resto provavelmente é superficial.

Contudo, assuntos polêmicos devem ser abordados com cautela, evitando-se descontroles que não agregam à relação. Nunca há motivos para agressões, mesmo online. Isso é deselegante e não soma. E o que não soma não merece ser compartilhado.

Dez dicas práticas para construir relações digitais saudáveis e conexões reais

1. **Valorize a qualidade, não a quantidade**

    Foque ter conversas significativas com um círculo mais íntimo, em vez de acumular muitos contatos superficiais, enriquecendo as relações pessoais.

2. **Pratique a escuta ativa**

    Dedique sua total atenção à pessoa com quem está conversando, sem distrações, mostrando que valoriza o momento e a troca de experiências.

3. **Mantenha um calendário de visitas**

    Para famílias e amigos, especialmente aqueles que não moram tão perto, criar um calendário de visitas pode ajudar a manter o vínculo fortalecido. Planeje visitas regulares, sejam elas mensais, bimestrais ou conforme a disponibilidade permitir, para garantir que o tempo presencial não seja perdido na correria do dia a dia. Esse compromisso mútuo com o encontro fortalece as relações, criando memórias e mantendo todos atualizados sobre a vida uns dos outros.

BEM-ESTAR DIGITAL

4. **Desligue as notificações**

    Minimize as distrações desligando as notificações do celular durante os momentos de convívio, permitindo uma atenção plena às pessoas ao seu redor.

5. **Comunique seus incômodos com clareza**

    A base de qualquer relação saudável é a comunicação. Se algo nas interações online de seu(ua) parceiro(a) te incomoda, é crucial expressar isso de forma construtiva. Aborde o assunto de maneira aberta, evitando acusações. Diga como se sente e discuta maneiras de ambos se sentirem mais seguros e respeitados na relação.

6. **Gestão dos ciúmes online**

    A era digital trouxe o ciúme para o ambiente online. É fundamental reconhecer e enfrentar esse sentimento abertamente. Quando sentir ciúmes por interações de seu(ua) parceiro(a) nas redes sociais, reflita antes de reagir.

    Pergunte a si mesmo: "Esse ciúme tem fundamento ou é reflexo de minhas próprias inseguranças?" Comunicar-se de maneira calma e clara sobre o que sente pode ajudar a dissipar mal-entendidos e fortalecer a relação.

7. **Fortalecimento dos laços físicos**

    Em um mundo cada vez mais digital, os laços físicos se tornam preciosos. Reserve um tempo para atividades que promovam a conexão física, como caminhar de mãos dadas, abraçar ou simplesmente sentar lado a lado sem celulares por perto. Esses gestos fortalecem a conexão emocional e a intimidade.

8. **Priorize o tempo de qualidade juntos**

   Tempo de qualidade não significa apenas estar no mesmo espaço, mas estar verdadeiramente presente. Isso pode significar preparar uma refeição juntos, desfrutar de um hobby comum ou simplesmente conversar sem a presença de telas. Esses momentos fortalecem a relação e criam memórias valiosas.

9. **Estabeleça limites digitais**

   Negociem juntos quais serão os limites para o uso de dispositivos digitais, como não usar celulares durante as refeições ou antes de dormir. Esses limites ajudam a garantir que ambos tenham um tempo dedicado um ao outro, sem distrações.

10. **Foco no crescimento conjunto**

    Veja a tecnologia e as redes sociais como ferramentas que, se usadas conscientemente, podem contribuir para o crescimento do relacionamento. Discutam juntos como cada um pode usar a tecnologia para apoiar os objetivos e sonhos um do outro, seja através de cursos online compartilhados, apoio às carreiras ou mesmo ao planejar.

☒

GRANDE ERRO:

Ser exposto apenas a opiniões e ideias que reforçam crenças existentes — efeito de bolha de filtro.

☑

DICA:

Explore ativamente diferentes pontos de vista e fontes de informação.

COMPARTILHE EM SEUS STORIES

VOCÊ NÃO VAI ENCONTRAR ALGO GRANDIOSO EM MEIO À BAGUNÇA. COMO ESTÁ A TELA DO SEU NOTEBOOK?

@TERRADORAFAEL

Princípio 9: essencialismo digital e mindfulness tecnológico

Certa vez, fui contatado por uma empresa de software de produtividade online para fazer um trabalho como influenciador. Nunca falo de uma marca sem antes testar o produto, então decidi experimentar a solução. Com muita boa vontade, tentei integrar a ferramenta ao meu dia a dia, mas, para minha surpresa, ela acabou me deixando mais ansioso do que realmente ajudando a aumentar minha produtividade.

Vejo isso acontecer frequentemente no mercado corporativo. As empresas acumulam tantos aplicativos de gestão e produtividade que os colaboradores gastam mais tempo preenchendo esses sistemas do que efetivamente colhendo bons resultados. Não estou dizendo que alguns aplicativos não sejam úteis, mas é preciso entender que mais uma ferramenta nem sempre é o que precisamos para sermos produtivos no ambiente digital.

Entenda que o bem-estar digital é mais uma questão de mentalidade, um equilíbrio no uso da tecnologia, do que simplesmente baixar uma série de aplicativos e ficar ainda mais viciado no digital. Assim adoto o princípio do essencialismo digital, conceito que ganhou notoriedade com o livro de Greg McKeown, sobre a importância de termos o suficiente, mas com alta qualidade. Isso se aplica também ao digital.

Proponho, então, uma limpeza digital e ficarmos com aquilo que realmente é relevante e agrega. Aquela velha história: você não vai encontrar algo grandioso em meio à bagunça. Como está a tela do seu notebook? Comece limpando-a e organizando em pastas principais aquilo que você realmente precisa. E quanto ao tempo perdido limpando e-mails de publicidade? Pare de assinar listas desnecessárias. Ao final do mês, você notará quanto tempo da sua vida foi poupado.

E aquelas pessoas que não organizam seus e-mails respondidos? É o caos. Comece liberando espaço para o que é importante. Você verá novas ideias surgirem e, obviamente, mais produtividade no seu dia a dia.

Oito ações práticas para o essencialismo digital

1. **Avalie e reduza apps:** faça um inventário dos aplicativos que você tem e elimine os que não são essenciais.

2. **Organize sua área de trabalho:** mantenha a tela do seu computador limpa e organizada, com apenas os ícones necessários.

3. **Desinscreva-se de e-mails desnecessários:** reduza o fluxo de e-mails de marketing para evitar a sobrecarga de informações.

4. **Adote uma caixa de entrada zero:** organize seus e-mails diariamente, buscando manter a caixa de entrada vazia.

5. **Defina horários para checar e-mails e redes sociais:** estabeleça momentos específicos do dia para essas atividades, evitando constantes interrupções.

6. **Utilize ferramentas de bloqueio de sites:** para evitar distrações, use ferramentas que limitam o acesso a sites que consomem seu tempo.

7. **Digitalize documentos importantes:** reduza a desordem física e digitalize documentos importantes, mantendo-os organizados em pastas no seu computador.

8. **Pratique o desapego digital:** periodicamente, revise arquivos, fotos e documentos digitais, excluindo o que não é mais necessário.

Mindfulness tecnológico

Mindfulness, ou atenção plena, é a prática de estar completamente presente e engajado no momento atual, com uma atitude de abertura, curiosidade e aceitação. Aplicar mindfulness ao uso digital significa estar consciente de nossas ações online, reconhecendo nossos hábitos e escolhas sem julgamento automático e, em vez disso, fazendo escolhas deliberadas sobre como interagimos com a tecnologia.

O uso consciente e intencional da tecnologia nos permite extrair seus benefícios ao máximo, minimizando impactos negativos como ansiedade e isolamento. Isso envolve uma abordagem ativa em que escolhemos como, quando e por que usamos a tecnologia, em vez de recorrer a ela de forma automática ou compulsiva.

Como aplicar mindfulness no uso digital

- **Faça pausas conscientes:** antes de abrir um aplicativo ou um site, faça uma breve pausa e pergunte a si mesmo por que está fazendo isso. Isso pode ajudar a identificar se o uso é intencional ou apenas um hábito.

- **Estabeleça intenções claras:** defina objetivos claros para o uso da tecnologia. Por exemplo, se você está indo às redes sociais, determine o que deseja alcançar com isso, seja para se conectar com amigos ou buscar informações específicas.

- **Seja presente:** quando estiver usando a tecnologia, tente focar apenas isso. Evite multitarefas, como verificar o e-mail enquanto assiste à TV, pois isso pode diluir sua atenção e reduzir a qualidade de sua experiência digital.

- **Note a experiência:** preste atenção a como você se sente enquanto usa a tecnologia. Se notar sentimentos de ansiedade ou desconforto, dê um passo para trás e reflita sobre essas emoções. Isso pode indicar a necessidade de ajustar seus hábitos digitais.

- **Use lembretes:** configure lembretes para fazer check-ins consigo mesmo sobre seu estado mental e emocional durante o uso da tecnologia. Isso pode ajudar a manter o estado de mindfulness e garantir que seu uso da tecnologia permaneça alinhado com suas intenções.

Dicas para usar a tecnologia com propósito

- **Desative notificações desnecessárias:** isso reduz interrupções e ajuda a manter o foco.

- **Organize seu espaço digital:** mantenha aplicativos e arquivos organizados para facilitar o uso intencional.

- **Estabeleça limites de tempo:** use ferramentas de gerenciamento de tempo para limitar quanto tempo você passa em determinados aplicativos ou sites.

- **Crie rotinas digitais:** tenha horários específicos do dia dedicados ao uso da tecnologia, e momentos livres de telas para atividades fora do digital.

- **Pratique a gratidão digital:** reconheça e agradeça pelos aspectos positivos que a tecnologia traz para sua vida, ajudando a criar uma relação mais saudável e equilibrada com ela.

Ao aplicar essas práticas de mindfulness ao uso da tecnologia, podemos melhorar significativamente nosso bem-estar digital, tornando-nos usuários mais conscientes, intencionais e, consequentemente, mais satisfeitos e produtivos no ambiente digital.

☒

GRANDE ERRO:

Tentar fazer muitas coisas ao mesmo tempo em dispositivos.

☑

DICA:

Foque uma tarefa de cada vez para aumentar a eficiência e reduzir o estresse.

COMPARTILHE EM SEUS STORIES

REDES SOCIAIS DEVEM SER FERRAMENTAS DE CRESCIMENTO, NÃO ÂNCORAS.

@TERRADORAFAEL

@terradorafael

Princípio 10: empoderamento digital

Uma das questões mais incríveis do digital é o seu alcance geográfico. Hoje, daqui do meu home office em Porto Alegre, atendo empresas de todo o Brasil. Em meus cursos online ou nas aulas de MBA que ministro na USP e na ESPM, recebo milhares de alunos de todo o mundo. Aliás, não sei de qual cidade você é, mas provavelmente cada leitor também é de um canto diferente do país. Por que te conto isso? Porque o digital nos oferece uma oportunidade única de expandir nossa mensagem e entrega para o mundo! Isso é enriquecedor, tanto em um propósito humano quanto financeiro.

Nesse sentido, use a tecnologia como uma ferramenta para o crescimento pessoal e aprendizado, não apenas para entretenimento. Acredito que o próximo passo da nossa jornada de vida está sempre no conhecimento que ainda não temos. E o belo é que hoje a web tem tudo. Ou seja, podemos transformar nosso smartphone ou notebook numa janela para a construção do nosso melhor futuro e a melhor versão de nós mesmos.

Vou além: hoje o digital nos deu a oportunidade de nos construirmos como marca pessoal. Tenho um livro, inclusive, chamado *Autoridade Digital*, que ensina justamente isso. Nele, mostro como se tornar uma marca pessoal valorizada, conquistar mais visibilidade e oportunidades através da web, sem enlouquecer ou ficar escravo das redes sociais. Afinal, as redes sociais devem ser ferramentas, não âncoras.

O convite que te faço aqui é para o seu empoderamento digital: entender e usar a tecnologia de maneira que empodere você, promovendo a autonomia, a capacidade de tomar decisões conscientes e, o principal, transformar o digital numa fonte de novas possibilidades e enriquecimento para a sua vida.

Por exemplo, o digital é o melhor lugar para dar vazão a um hobby ou algo que você tem conhecimento. E, sim, você sabe algo. Entenda que uma gota do seu conhecimento pode ser um oceano de conhecimento para quem não sabe o que você sabe. Você pode transformar isso em um infoproduto, por exemplo, e lucrar com o que você ama fazer e faria até de graça. E ainda transformará a vida de muitas pessoas.

Agora, por favor, não transforme isso numa prisão. Tem muita gente por aí que defende que, para vender algo online, é necessário fazer um milhão de stories por dia. Então, em vez de viver e até lucrar, a pessoa acaba presa num mar de ansiedade digital. Saiba que os resultados moram no básico que você ainda não fez! Em vez de postar um milhão de stories por dia, invista em realmente posicionar a sua marca no digital de forma assertiva! Lembre-se: a vida real não tem botão de editar. Faça da sua vida mais do que uma história para os outros verem.

DESAFIO: *escolha um "Dia D", no qual você vai contar nas suas redes a sua nova entrega ao mundo. Seja fiel a esta entrega!*

Já imaginou não receber um "não" como resposta? É exatamente isso que acontece quando você domina os anúncios digitais. Eles direcionam sua mensagem ou oferta diretamente ao público-alvo, e você passa a receber apenas "sim" daqueles que adquiriram a sua solução. Isso é transformador, pois está comprovado que as profissões que mais geram ansiedade são aquelas em que se ouve muitos "nãos" ao longo do dia, como é o caso dos profissionais de call centers. Este é apenas um exemplo de como você pode utilizar a tecnologia de maneira inteligente para alcançar resultados concretos em sua vida.

Invista no desenvolvimento de habilidades digitais que enriqueçam tanto a vida pessoal quanto a profissional, em vez de apenas consumir conteúdo passivamente. Dica: explore cursos como o Programa de Felicidade de Berkeley ou o Blueprint de Longevidade para desenvolver habilidades relacionadas ao bem-estar.

Lembre também que o digital nos deu acesso às mentes mais brilhantes do mundo. Mas será que você está seguindo essas pessoas ou apenas os dançarinos da última trend do TikTok? Faça uma curadoria de perfis que podem enriquecer a sua mente.

Em 2019 fiz uma imersão no Vale do Silício, e uma das frases que mais me marcou no treinamento por lá foi: "O que importa é o que você está fazendo hoje, e não aquilo que você já fez". Isso é um lembrete de que, mais do que ter um milhão de certificados na parede, o importante é estarmos ativos com um projeto. Aliás, ter sempre um novo projeto é o que nos mantém vivos. Como diz a psiquiatra Ana Beatriz Barbosa Silva, "o ser humano foi feito para dar frutos, e aquele que não dá logo é descartado do jogo".

Ou seja: é importante permanecer informado sobre as tendências tecnológicas e seus impactos na sociedade. E saber que uma marca relevante, seja pessoal ou corporativa, é aquela que inova de novo e de novo. A única coisa que ninguém vai conseguir nos copiar é a velocidade de criarmos algo novo, de novo. Mas calma, crie com foco, com atenção plena. E saiba da importância de realmente parar e celebrar suas pequenas vitórias. Saboreie seus momentos.

Saiba saborear também os seus momentos online: conscientemente aprecie momentos positivos enquanto navega online. Dica: passe um tempo refletindo sobre memórias felizes, fotos ou histórias que inspiram positividade.

Ser empoderado digitalmente é saber da notificação que realmente importa: você está vivendo, deixando frutos, e não só existindo.

Viver é engajar-se ativamente com a vida, buscar experiências, aprender, crescer e conectar-se com outros. É ter consciência e participação plena nos eventos da vida, grandes e pequenos, encontrando propósito e alegria no processo. Existir, por outro lado, é simplesmente estar vivo biologicamente, mas no automático, sem necessariamente buscar significado ou envolvimento mais profundo com o mundo ao redor. O bom é que podemos escolher.

Dez dicas práticas para aumentar o seu empoderamento digital

1. **Faça curadoria de conteúdo enriquecedor**

   Use ferramentas como Feedly ou Pocket para seguir blogs, sites e canais de notícias que ofereçam conteúdo valioso e inspirador relacionado aos seus interesses ou campo profissional. Dedique um tempo semanal para explorar esses conteúdos.

2. **Planeje temas para aprendizado focado**

   Defina temas mensais ou trimestrais para focar seu aprendizado. Por exemplo, se você quer melhorar suas habilidades em marketing digital, dedique um mês para aprender sobre SEO, outro para marketing de conteúdo, etc. Use plataformas como Hotmart ou LinkedIn Learning para encontrar cursos específicos.

3. **Assine canais no YouTube para desenvolvimento contínuo**

   Encontre e assine canais no YouTube que ofereçam tutoriais, insights e conhecimentos na sua área de interesse. Canais como TED Talks, CrashCourse, ou específicos de sua área, podem ser muito enriquecedores.

4. **Estude sobre lançamentos online e transformação de hobbies em negócios**

   Pesquise e estude casos de sucesso de pessoas que transformaram seus hobbies em negócios online. Plataformas como Udemy e Hotmart têm cursos específicos sobre empreendedorismo digital e lançamento de produtos online.

5. Reflexão sobre objetivos digitais

Reserve um tempo para refletir sobre o que você deseja alcançar no ambiente digital. Seja construir uma marca pessoal, aprender uma nova habilidade ou iniciar um negócio, ter clareza sobre seus objetivos pode ajudar a guiar suas ações online.

6. Dedique um momento por semana para aprender algo novo

Escolha um dia da semana para dedicar algumas horas ao aprendizado de algo novo, fora da sua zona de conforto. Isso pode variar desde uma nova língua, passando por programação, até técnicas de culinária.

7. Utilize redes sociais para networking e aprendizado

Além de seguir líderes e influenciadores em sua área, participe ativamente de grupos no LinkedIn, Facebook ou Reddit. Faça perguntas, compartilhe conhecimentos e conecte-se com pessoas que podem inspirar seu crescimento pessoal e profissional.

8. Crie um portfólio ou blog para documentar sua jornada

Use plataformas como WordPress ou Medium para criar um blog ou portfólio onde você compartilha suas aprendizagens, projetos e reflexões. Isso não só documenta sua jornada, mas também constrói sua presença online.

9. Experimente ferramentas de produtividade

Explore ferramentas como Notion ou Evernote para organizar seus planos de estudo, projetos e ideias. A organização eficiente pode aumentar significativamente sua produtividade e capacidade de aprender e criar.

10. Feedback e reflexão constantes

Ao final de cada mês ou trimestre, faça uma reflexão sobre o que aprendeu, o progresso em direção aos seus objetivos, e ajuste seus planos conforme necessário. Isso ajuda a manter o foco e a motivação.

Essas dicas são projetadas para ajudá-lo a criar um plano de ação focado no uso estratégico do ambiente digital para crescimento pessoal e profissional. A chave é ser proativo, curioso, e consistente em seus esforços de aprendizado e desenvolvimento. Pois tudo se aprende, até ter melhores resultados no digital e no final ainda ter bem-estar.

☒

GRANDE ERRO:
Sentir-se inadequado ao ver o sucesso dos outros online — síndrome do impostor digital.

☑

DICA:
Concentre-se no seu próprio crescimento e jornada pessoal, e celebre e aprenda com a vitória do outro.

COMPARTILHE EM SEUS STORIES

NÃO DEIXE QUE A VIDA PASSE EM UM SCROLL INFINITO. ELA NÃO TEM BOTÃO DE EDITAR.

@TERRADORAFAEL

Princípio 11: equilíbrio trabalho-vida digital

Durante 15 anos, fui gestor da minha primeira empresa, a Fabulosa Ideia, uma das pioneiras agências de mídias sociais no Brasil. Atendi marcas líderes em seus segmentos, como Bradesco, Red Bull, entre tantas outras. Um dos pilares que sempre valorizei foi oferecer um bom atendimento. No entanto, isso teve um alto custo para mim.

No início, pela falta de experiência, tinha apenas 23 anos, acreditava que bom atendimento significava estar sempre disponível. Imagine, naquela idade, e eu estava disponível 24 horas para clientes, colaboradores, família, amigos... Até que um dia senti como se estivesse literalmente morrendo, com falta de ar. Corri para um pronto-socorro e lá me disseram: "Sua pressão está ótima... deve ser algo psicológico".

E era. Foi então que procurei um psiquiatra pela primeira vez e fui diagnosticado com síndrome do pânico, condição caracterizada por episódios de medo e desespero intensos, sem motivo aparente.

A síndrome do pânico é uma condição que afeta significativamente a vida de milhões de pessoas em todo o mundo. Segundo dados da Organização Mundial da Saúde (OMS), cerca de 4% da população mundial, o que representa aproximadamente 280 milhões de pessoas, sofrem com essa patologia. No Brasil, os casos de ansiedade e síndrome do pânico têm mostrado um aumento preocupante. Especificamente no estado de São Paulo, os casos de ansiedade e síndrome do pânico triplicaram entre 2019 e 2022, segundo dados do governo estadual. Isso reflete a importância de abordar questões de saúde mental com seriedade, oferecendo suporte adequado e tratamento para aqueles que sofrem dessas condições.

Pois bem, desde aquele episódio, despertei para a minha saúde mental e percebi que o primeiro grande atendimento deveria ser sempre comigo mesmo, cuidando da minha saúde física e mental. De nada adianta tratar todos de forma excepcional se eu não estava me tratando com o mesmo carinho?

Depois de tratamentos, hoje estou ótimo. Mas aprendi, de forma dolorosa, a importância do equilíbrio entre trabalho e vida digital: estabelecer limites claros entre o trabalho e a vida pessoal no ambiente digital, evitando a sobrecarga e o esgotamento causados pelo trabalho remoto e pela constante conectividade.

Você nunca deve permitir que o trabalho te persiga com notificações em casa. É imprescindível para o seu bem-estar digital encontrar um equilíbrio saudável entre a vida profissional, o digital e a vida fora da tela.

Você não é um mau colaborador ou um mau gestor por estabelecer limites. Agora, lembre-se: os limites se estabelecem desde o início. Depois que você acostuma as pessoas a terem algo, é difícil retirar. Ou seja, a melhor solução é sempre ser sincero sobre seus limites desde o início e, obviamente, como um bom gestor, saber respeitar esses limites.

Claro, imprevistos acontecem, ainda mais quando se trabalha com o digital, como é o meu caso. Mas se você não pensar nos seus limites, nos seus "nãos", acabará vivendo num loop de tentar agradar aos outros e, um dia, perceberá, da pior forma, que não está se agradando nem alcançando seus próprios objetivos.

Adicionando mais ao tema, é vital discutir questões como grupos de WhatsApp e responder e-mails fora do horário de trabalho. Estabelecer regras claras para essas comunicações é crucial. Definir horários em que está disponível para responder e comunicar isso claramente à sua equipe e clientes pode ajudar a manter um equilíbrio saudável. Isso não só protege seu tempo de descanso e recuperação, mas também ensina aos outros a valorizar e respeitar seu espaço pessoal e profissional. A chave é a comunicação clara e a autodisciplina, garantindo que a tecnologia, que deveria nos servir, não se torne uma fonte de estresse e ansiedade.

Aqui estão dez dicas para te ajudar a impor limites entre a tecnologia e o trabalho e aumentar a produtividade de forma saudável:

1. **Agende "horas de silêncio" digitais:** utilize ferramentas ou configurações do smartphone e computador para definir "horas de silêncio", em que notificações de trabalho são silenciadas. Isso pode incluir noites, finais de semana e horários dedicados à família ou ao descanso.

2. **Tecnologia a favor do bem-estar:** aproveite aplicativos de bem-estar e produtividade que ajudam a monitorar o tempo de tela, lembram você de fazer pausas e promovem hábitos de trabalho mais saudáveis.

3. **Estabeleça uma "estação de trabalho digital":** designe um espaço específico em casa para o trabalho. Isso ajuda a criar uma divisão física e mental entre "estar no trabalho" e "estar em casa", facilitando o desligamento das atividades profissionais ao final do dia.

4. **Reuniões digitais com limite de tempo:** para evitar o esgotamento em um ambiente de trabalho remoto, limite a duração das reuniões virtuais. Encoraje agendas claras e objetivos específicos para cada reunião, otimizando o tempo de todos.

5. **E-mails e mensagens com horário marcado:** programe um horário específico do dia para verificar e responder e-mails e mensagens de trabalho. Evite a tentação de estar sempre online e responder imediatamente a cada nova mensagem.

6. **Desconexão digital planejada:** marque dias no calendário para uma desconexão digital completa do trabalho. Use esses dias para recarregar as energias,

dedicar-se a hobbies, passar tempo com entes queridos ou simplesmente relaxar.

7. **Use automações para reduzir a carga de trabalho:** explore ferramentas de automação para tarefas repetitivas. Isso pode incluir desde respostas automáticas em e-mails até a automação de tarefas administrativas, liberando mais tempo para focar o trabalho criativo e estratégico.

8. **Limites claros de comunicação com a equipe:** comunique claramente à sua equipe seus horários de trabalho e quando estará offline. Estabeleça expectativas mútuas sobre disponibilidade e tempos de resposta.

9. **Priorize tarefas com técnicas de gestão de tempo:** utilize o método GTD (Getting Things Done) para gerenciar melhor seu tempo e priorizar tarefas. Isso ajuda a manter o foco e a produtividade durante as horas de trabalho, permitindo um verdadeiro descanso depois.

O método GTD (Getting Things Done) é uma abordagem sistemática, criada por David Allen, para aumentar a produtividade e reduzir o estresse. O método é baseado na ideia de que a mente é para ter ideias, não para armazená-las, portanto, propõe um sistema para capturar, esclarecer, organizar, refletir e engajar com todas as suas tarefas e compromissos. Aqui está um resumo simplificado de como funciona o GTD, com base nas informações encontradas:

▶ **Capturar:** reúna todas as tarefas, ideias e compromissos que estão ocupando sua mente em uma única lista, conhecida como "Caixa de Entrada". Isso pode ser feito usando ferramentas digitais como Todoist ou mesmo um simples caderno.

- ▶ **Esclarecer:** decida o que cada item capturado significa para você. Se for algo que não requer ação, pode ser descartado, incubado para o futuro ou guardado como referência. Se requer ação, defina a próxima ação específica a ser tomada.

- ▶ **Organizar:** coloque as ações definidas no local apropriado. Tarefas de ação única vão para a lista de "Próximas Ações", enquanto tarefas que fazem parte de um projeto maior devem ser organizadas em listas de projetos. Utilize etiquetas, prazos e prioridades para ajudar na organização.

- ▶ **Refletir:** revise regularmente suas listas e sistemas para atualizar e reavaliar prioridades. Uma revisão semanal é recomendada para garantir que tudo esteja atualizado e alinhado com seus objetivos e responsabilidades.

- ▶ **Engajar:** com base no contexto, na disponibilidade de tempo e energia, e nas prioridades, escolha as tarefas a serem executadas. Use a intuição e as listas organizadas para tomar decisões informadas sobre o que fazer a qualquer momento.

O GTD destaca a importância da flexibilidade e da adaptação às mudanças, permitindo que você ajuste seus planos e prioridades conforme novas informações, oportunidades e eventos surgem. Em vez de um sistema rígido, o GTD fornece estruturas para ajudar você a gerenciar suas tarefas e compromissos de forma eficaz, mantendo a criatividade e a capacidade de resposta a um ambiente em constante mudança.

Ferramentas como Todoist, Evernote e Trello são frequentemente recomendadas para implementar o GTD na prática, pois permitem a captura, a organização e a revisão de tarefas de maneira eficiente, em diversas plataformas (computador, celular, tablet), garantindo que você tenha sempre acesso às suas listas e informações necessárias para tomar decisões sobre suas ações.

BEM-ESTAR DIGITAL

10. **Aprenda a dizer não e estabeleça limites contratuais:** um aspecto fundamental para manter o equilíbrio trabalho-vida digital é aprender a dizer "não" a demandas que excedam seus limites pessoais e profissionais. Isso pode ser particularmente desafiador em ambientes de trabalho remoto, onde as fronteiras entre a vida pessoal e profissional são frequentemente borradas. Ao estabelecer contratos claros com clientes ou acordos de trabalho com empregadores, inclua cláusulas que definam expectativas de horário de trabalho, disponibilidade e prazos de entrega. Isso não apenas protege seu tempo e bem-estar, mas também estabelece uma base profissional sólida para negociações e relações de trabalho. Ser assertivo sobre suas capacidades e limites não é apenas uma prática de autodefesa; é uma estratégia essencial para promover um ambiente de trabalho saudável e sustentável para todos os envolvidos.

☒

GRANDE ERRO: Cansaço devido ao uso excessivo de videoconferências – exaustão de Zoom.

☑

DICA: Faça pausas regulares e limite o número de reuniões virtuais.

COMPARTILHE EM SEUS STORIES

EM UM MAR DE POSTS, ESCOLHA NAVEGAR EM PAZ.

@TERRADORAFAEL

Princípio 12: privacidade e segurança online

Eu adoro a China. Já fui duas vezes ao país e estou programando a terceira viagem. O que realmente me fascina é a mistura da cultura milenar com a alta tecnologia e os arranha-céus. Mas o que realmente me faz amar ainda mais o país é a segurança. Há algo profundamente reconfortante em poder caminhar pelas ruas sem preocupação. O ser humano tem uma necessidade intrínseca de se sentir seguro, e eu não sou exceção. A sensação de tranquilidade é, para mim, uma verdadeira bênção.

Contudo, uma das características mais notáveis da China é justamente essa dinâmica entre privacidade e segurança. A ideia de estar sob o olhar vigilante de uma câmera em cada esquina pode parecer invasiva, mas, ao mesmo tempo, essa omnipresença traz uma sensação de proteção. Ser transformado numa fonte inesgotável de dados é um preço que, sinceramente, estou disposto a pagar pela segurança que isso traz. Prefiro, de longe, ceder alguns dos meus dados pessoais a me sentir vulnerável.

Olhe a coincidência. Antes de sentar para escrever este princípio sobre privacidade e segurança online, estava assistindo ao jornal que falava sobre quadrilhas que se especializaram em seduzir homens através de aplicativos de relacionamento, para depois sequestrá-los e extorquir dinheiro. É uma realidade chocante e triste, que evidencia a necessidade de estarmos sempre vigilantes com as armadilhas que encontramos online.

Gosto de pensar na nossa segurança digital como a porta de entrada para a tranquilidade mental. Da mesma forma que andar em uma rua tranquila nos deixa calmos e felizes, navegar com segurança na web deveria nos transmitir a mesma sensação de paz.

Praticar a segurança online é essencial, seja através da criação de senhas fortes, da utilização da autenticação de dois fatores, ou sendo cauteloso com o compartilhamento de informações pessoais. Quando se trata de crianças, então, a importância disso tudo se multiplica. Recentemente, até o Instagram reforçou os controles parentais disponíveis na rede, medida que mostra o quanto é vital estar atento à segurança das nossas informações na internet.

Ser proativo na proteção da nossa privacidade e segurança online é entender as configurações de privacidade, estar ciente dos riscos e saber como mitigá-los. Os principais riscos à nossa segurança online incluem phishing, malware, scams e a vigilância indevida. Cada um desses riscos representa uma ameaça real à nossa tranquilidade e bem-estar no ambiente digital.

Principais riscos à segurança online

- **Phishing:** tentativas de obter informações sensíveis de forma fraudulenta.

- **Malware:** software mal-intencionado projetado para danificar ou explorar sistemas.

- **Scams:** esquemas fraudulentos que visam enganar as vítimas para ganho financeiro.

- **Vigilância indevida:** monitoramento não consentido de atividades online.

Para aumentar imediatamente sua segurança online, aqui vão algumas dicas práticas: use senhas fortes e únicas para cada serviço; desconfie de prêmios milagrosos oferecidos por SMS; evite clicar em links desconhecidos; ative a autenticação de dois fatores em todas as suas contas, especialmente no WhatsApp; denuncie perfis falsos; ajuste suas configurações de privacidade para controlar quem pode ver você online; e, por último, mas não menos importante, eduque-se sobre as melhores práticas de segurança online. Estas ações simples podem fazer uma grande diferença na sua segurança digital:

@terradorafael

Dez dicas práticas para aumentar sua segurança online

1. **Use senhas fortes:** evite combinações óbvias e utilize geradores de senha.

2. **Desconfie de prêmios milagrosos:** ignore mensagens que parecem boas demais para ser verdade.

3. **Não clique em links desconhecidos:** eles podem levar a sites maliciosos.

4. **Ative a autenticação de dois fatores:** principalmente em serviços críticos como redes sociais e e-mail.

5. **Denuncie perfis falsos:** ajude a manter as plataformas seguras para todos.

6. **Ajuste as configurações de privacidade:** decida quem pode ver suas informações e atividades online.

7. **Atualize regularmente seus dispositivos:** mantenha o software atualizado para proteger contra vulnerabilidades.

8. **Use uma VPN:** para uma camada extra de segurança, especialmente em redes públicas.

9. **Seja cauteloso com o Wi-Fi público:** evite realizar transações sensíveis em redes não seguras.

10. **Eduque-se sobre segurança online:** conhecimento é poder quando se trata de proteger sua presença digital.

A conscientização e a adoção de práticas seguras são fundamentais para navegar no mundo digital com confiança. Proteger sua privacidade e segurança online não apenas salvaguarda suas informações pessoais, mas também contribui para a tranquilidade mental, permitindo que você desfrute das maravilhas da tecnologia com paz de espírito.

☒

GRANDE ERRO:
Perder as nuances na comunicação devido ao texto — prejuízo à comunicação não verbal.

☑
DICA:
Sempre que possível, prefira chamadas de vídeo ou encontros presenciais para conversas importantes.

COMPARTILHE EM SEUS STORIES

O MELHOR FILTRO É VER A VIDA COM OS PRÓPRIOS OLHOS.

@TERRADORAFAEL

@**terra**do**rafael**

Aquela notificação que realmente importa: Você está vivendo, não só existindo.

20 dicas práticas e tecnológicas para promover um maior bem-estar digital

1. **Modo escuro:** use o modo escuro em dispositivos e aplicativos para reduzir a tensão ocular.

2. **Ajuste de brilho automático:** ative o ajuste automático de brilho para que seu dispositivo se adapte à luz ambiente.

3. **Filtros de luz azul:** use filtros de luz azul à noite para minimizar a perturbação do sono.

4. **Limitadores de tempo de tela:** configure limites de tempo de tela em aplicativos para controlar o uso.

5. **Desligamento automático:** programe seus dispositivos para desligar automaticamente em um horário específico.

6. **Notificações seletivas:** personalize suas notificações para receber apenas o essencial.

7. **Organização de aplicativos:** mantenha a tela inicial do telefone organizada e livre de aplicativos raramente usados.

BEM-ESTAR DIGITAL

8. **Aplicativos de bem-estar digital:** use aplicativos projetados para promover o bem-estar digital, como rastreadores de uso e meditação.

9. **Áreas livres de tecnologia:** estabeleça áreas da casa onde a tecnologia não é permitida, como quartos.

10. **Criação de rotinas:** estabeleça rotinas sem tecnologia, como uma hora de leitura antes de dormir.

11. **Modo não perturbe:** ative o modo "Não Perturbe" durante o trabalho ou momentos de relaxamento.

12. **Rastreadores de atividade física:** use dispositivos ou aplicativos para monitorar a atividade física e incentivar o movimento.

13. **Backup automático de dados:** configure backups automáticos para evitar a perda de dados.

14. **Uso de assistente de voz:** utilize assistentes de voz para reduzir o tempo de tela ao executar tarefas.

15. **Teclados e interfaces ergonômicas:** invista em teclados e mouses ergonômicos para prevenir dores e lesões.

16. **Personalização de tamanho de fonte e contraste:** ajuste o tamanho da fonte e o contraste para uma leitura confortável.

17. **Uso de fones de ouvido com cancelamento de ruído:** para foco e concentração, use fones de ouvido que bloqueiem ruídos distrativos.

18. **Intervalos regulares:** faça pausas regulares usando técnicas como a Pomodoro para descanso e desconexão.

19. **Ajuste de distância de tela:** mantenha uma distância saudável entre seus olhos e a tela para evitar cansaço visual.

20. Configurações de acessibilidade: explore configurações de acessibilidade, como leitores de tela ou modos de alto contraste, para melhorar a experiência de uso.

Essas dicas são projetadas para ajudar a reduzir o impacto negativo da tecnologia no bem-estar físico e mental, incentivando um uso mais consciente e saudável de dispositivos digitais.

COMPARTILHE EM SEUS STORIES

NO FIM, O QUE CONTA SÃO AS MEMÓRIAS, NÃO OS STORIES SALVOS.

@TERRADORAFAEL

@terradorafael

EPÍLOGO:
Uma jornada humana no bem-estar digital

Ao virar a última página deste livro, *Bem-Estar Digital*, espero ter iluminado um caminho que conduzirá você à reflexão e ao ajuste consciente de como nos relacionamos com a tecnologia em nosso dia a dia. Confesso que, para mim, foi terapêutico. Este não é apenas um compêndio de estratégias ou um manual; é um convite para embarcar em uma jornada de descoberta pessoal, em que o equilíbrio e a presença nos guiam ao longo do vasto e complexo mundo digital.

A jornada para o bem-estar digital é profundamente enraizada na busca por um equilíbrio entre o uso da tecnologia e a vida fora das telas, reconhecendo que priorizar experiências reais e relações humanas é essencial. A tecnologia, embora uma ferramenta poderosa e transformadora, não deve usurpar os preciosos momentos de conexão humana ou as experiências que nos tornam verdadeiramente vivos. Encontrar esse equilíbrio nos permite abraçar as maravilhas do digital sem perder de vista o que é tangível e verdadeiro.

Além do equilíbrio, a gestão dos impactos físicos e mentais do uso da tecnologia torna-se vital. Desde a tensão ocular até distúrbios do sono e as influências nas nossas emoções e autoimagem, a tecnologia pode ter efeitos profundos. Reconhecê-los e aprender a mitigá-los é parte fundamental de cuidar de nosso bem-estar num mundo cada vez mais conectado.

A atenção plena surge como uma bússola nessa jornada, nos incentivando a estar plenamente presentes e conscientes em nossas atividades digitais. Não se trata apenas de evitar o uso automático e desatento; é sobre engajar-se com a tecnologia de forma que seja produtiva, significativa e, acima de tudo, saudável. Praticar mindfulness ao usar a tecnologia nos ajuda a manter uma relação equilibrada com nossos dispositivos, garantindo que o uso seja intencional e alinhado com nossos valores pessoais.

Por fim, lembre-se de que buscar apoio profissional, quando necessário, é um sinal de força. Se em algum momento sentir que o uso da tecnologia está impactando negativamente sua saúde mental, não hesite em procurar ajuda. Estar atento a esses sinais e agir de acordo é um ato de autocuidado e respeito próprio.

Encerro este livro esperando sinceramente que as páginas que você percorreu aqui sirvam como um farol no seu caminho para um bem-estar digital saudável. Que você possa navegar no vasto mundo digital com sabedoria, consciência e, acima de tudo, com um coração humano sempre presente.

Que você encontre o equilíbrio, a presença e o propósito em seu uso da tecnologia, e que essas descobertas o conduzam a um estado de saúde e satisfação genuínas no ambiente digital.

Um abração virtual,

Rafael Terra